Freed WILSON

CULTURE PHYSIQUE

Freed WILSON

CULTURE PHYSIQUE

Dynamisme - Santé - Joie de vivre

Éditions Vie

Imprint

Cover image: Fourni par l'auteur

Publisher:
Éditions Vie
is a trademark of
Dodo Books Indian Ocean Ltd., member of the OmniScriptum S.R.L Publishing group
str. A.Russo 15, of. 61, Chisinau-2068, Republic of Moldova Europe
Printed at: see last page
ISBN: 978-613-9-59019-3

Introduction

Une telle innovation exige à coup sûr du travail, de la patience voire un certain goût du risque face au processus permanent de l'évolution, acte de foi dans le culturisme moderne. La terminologie scientifique spécialisée s'efforce de saisir de façon aussi objective que possible les relations entre le terme et l'objet ; elle possède un pouvoir de généralisation dans la mesure où la science s'efforce de dépasser les frontières géographiques et historiques. Non pas seulement par ma conviction profonde en la nécessité de l'exercice physique dans les conjonctures de la vie actuelle, mais aussi-et surtout- par le désir de raconter une expérience vécue, la mienne et celle de ma femme, vue et corrigée sous l'angle végétal. L'effort que demande la rédaction successive de ce premier livre que j'ai pensé écrire celui-ci.

Ma motivation, dans ce second ouvrage, consiste à m'adresser particulièrement à vous tous et à toutes, de tous âges et de tous milieux, en continuant néanmoins à étayer mes constatations par les données végétal et scientifiques récentes.

La bonne chère et la sédentarité nous avaient fait glisser, tous deux ma femme et moi, sur la pente dangereuse et perfide de l'obésité. Et donc des maladies de nutrition qui en découlent. Par souci d'esthétique et de santé, nous avons essayé de nous imposer une meilleure hygiène de vie et un exercice physique journalier. Petit à petit, nous avons ainsi été amenés à pratiquer la «culture physique avec charges additionnelles. » Pour les raisons que je vais vous exposer ici : mais scientiste avant tout, j'ai craint que nous fassions les frais d'une méthode encore empirique dont les scientistes se désintéressaient et qu'ils critiquaient, et que notre enthousiasme de néophytes émerveillés des résultats obtenus nous entraine vers un exercice trop intensif et dangereux pour notre santé. C'est alors que je suis retourné en faculté préparer la licence spécial en Sciences et Techniques des activités physiques et sportives, afin d'acquérir les connaissances particulières à la science sportive et de rechercher les bases scientifiques de cette méthode d'Education physique. Ce sujet me passionne plus que jamais et je continue à me questionner et à me documenter de toutes parts.

Qu'il me soit permis de rendre ici un hommage reconnaissant et admiratif mais combien trop bref, à mes maitres les professeurs, Lelio Petit Frère, Dona Killick dont si remarquables travaux et communications ont fait avancer.

La science sportive n'a pas de géant ces dernières années.

C'est avec gratitude aussi que je tiens à remercier ces grands spécialistes du sport : les frères Augustes du bel air et j'en oublie, dont l'activité inlassable dans ce domaine et les travaux incessants, au sein de l'organisation du contrôle des activités physiques et sportives, ont fait de la science du sport une science spécialisée, véritable science d'avant. Garde, répondant en tous points au désir de Freed Wilson dans mon charte de la Reforme Sportive puisqu'il s'intéresse au « cas santé plutôt qu'au « cas morbide »

J'associe à cet hommage les laboratoires Prophalab et Farmatrix qui contribuent par leurs documents et publications à informer le praticien des dernières acquisitions en science physique.

D'ailleurs, la présence à la tête du secrétariat à la jeunesse et aux sports d'un héros des temps modernes tel que Paul Emile Adrien « L'homme qui a vaincu n'est-elle pas le plus sûr garant que le sport haïtien compétitif et l'activité physique en général s'engagent avec enthousiasme dans une nouvelle qui mène non seulement aux succès internationaux d'une élite sportive, mais aussi à la santé, à la vigueur de l'ensemble de la Nation ?

Et c'est dans cet esprit que j'ai écrit cet ouvrage, dans l'espoir qu'il s'adressera, non seulement aux sportifs chevronnés, mais aussi à tous ceux et celles qui, sans être spécialement doués ou animés pour le sport, n'en veulent pas moins acquérir ou conserver la forme et la santé par la pratique d'un exercice physique raisonné, adopté à chacun et à chaque âge.

J'ai essayé, de même, d'énoncer quelques règles simples faciles à suivre par tous, mais indispensables, de l'hygiène de vie de l'homme moderne. Evidemment, comme toutes les règles, c'est dès le plus jeune âge qu'il est bon de les inculquer : les respecter ensuite sera bien plus facile, presque instinctif.

Je me suis employé surtout à détruire le mythe que l'exercice physique et l'hygiène de vie retranchent l'original qui les adopte du reste de la société et à prouver que leur pratique est absolument compatible, malgré les dénégations des détracteurs, avec une vie normale professionnelle, familiale et sociale. Loin de priver l'individu du bien-être et des plaisirs de l'existence, cette discipline, adoptée à la nécessité du moderne, permet au contraire de les gouter dans leur intégrité, sans appréhension et sans remords, et permet de découvrir d'autres joies, oubliées ou inconnues. Et maintenant, tournons les pages… En beauté, en santé, vivons notre ronde des âges.

On appelle série un certain nombre de répétitions d'un mouvement.

Exemples :

Pour développer la force.- Après, évidemment, s'être entrainé progressivement, on utilise un poids égal à 60% du poids maximum qu'on arrive à développer en une fois (ce poids maximum qu'on arrive à développer qu'une fois comme dans le mouvement de l'haltérophile constitue le test de force). En général, lorsqu'on emploie un poids lourd, on fait peu de répétitions et peu de séries : 5 à 6 séries de 6 répétitions environ. Ceci constitue l'entrainement en vue de la forme athlétique pure.

Pour développer le volume.- On emploie un poids égal à 40 à 50% du poids maximum qu'on arrive à développer, mais on exécute 15 répétitions et 3 à 5 séries de ces 15 répétitions. Ceci constitue l'entrainement spécifique pour la sculpture musculaire. En même temps que la force et le volume, plus on fait de séries et de répétitions avec le poids donné, plus on développe l'endurance.

L'entrainement léger.- Le nombre de répétitions est ici supérieur à 15. C'est l'entrainement spécifique du délie et du modelé musculaire, à employer chez les sujets de plus de cinquante ans et ceux de moins de dix-huit ans.

- Le repos.- Entre chaque série du groupe musculaire qui vient de travailler, il faut un intervalle de repos de 1 à 2 minutes. Plus il y a de muscles, sollicités, plus vite viennent l'essoufflement et l'accélération du cœur, donc plus le repos devient nécessaire. Lorsque le travail est exécuté par les jambes (squats en particulier), celles-ci représentant à elles seules les deux tiers des muscles du corps, il va donc de soi que l'essoufflement et l'accélération du cœur seront plus importants et se produiront plus vite et que, par conséquent, il faudra séparer chaque série par un intervalle de repos plus long (de 2 à 3 minutes).
- La respiration.- L'expiration doit avoir lieu pendant l'effort pour éviter le blocage thoracique. Remarquons que, dans cette gymnastique de force, l'important n'est pas de

faire entrer l'air dans l'organisme (celui-ci se débrouillera toujours pour ne pas en manquer !), c'est de faire sortir des poumons l'air vicié, chargé en gaz carbonique. Cette expiration se fera d'autant plus facilement qu'elle s'effectuera par la bouche.

- Fréquence et durée des séances.- Le minimum est deux séances par semaine mais le mieux évidemment, dans la mesure du possible, est l'entrainement quotidien, 6 jours sur 7, à condition de travailler le train inférieur un jour et le train supérieur le lendemain.
  Si on peut travailler que tous les deux jours, on entrainera le corps entier au cours de la séance. En athlétisme, cet entrainement se pratiquera surtout en hiver, en dehors des compétitions. Pour le sportif, il se fera hors saisons, c'est-à-dire en dehors de la période des matches. Pour les culturistes, les haltérophiles, pour chacun d'entre nous désireux d'entretenir sa forme, cet entrainement peut se faire tous les jours, durant tout le courant de l'année avec, évidemment, la coupure (d'ailleurs bénéfique) des week-ends plus ou moins prolongés et des vacances.

La durée de la séance est variable suivant l'individu et sa condition athlétique. C'est à l'entraineur ou à chacun de nous dépersonnaliser l'entrainement suivant la résistance, le temps à consacrer, le but recherché… et le courage individuel. Le culturiste qui s'entraine pour son concours d'Apollon, l'haltérophile pour sa compétition, par exemple, y consacreront une à deux heures par jour, quelques fois plus, suivant la résistance de l'individu. Il n'en est pas de même pour le sportif et l'athlète. Pour l'amateur qui ne pratique la musculation que dans un but hygiénique ou plastique, un entrainement d'une demi-heure à trois quarts d'heure tous les jours suffit (un peu plus long s'il le désire). De toute façon, il ne faut jamais pousser jusqu'au surentrainement au surmenage. La fatigue ressentie doit être la sonnette d'alarme.

- Le moment de la journée.- Ceci dépend d'abord, évidemment, du tempérament de l'individu : il est des gens matinaux, d'autres qui ne sont en forme que le soir. Et, surtout le moment choisi pour l'entrainement dépend des occupations professionnelles, des loisirs dont on dispose, de l'endroit où se pratique cet entrainement (chez soi ou en salle). N'importe quel moment est le bon, pourvu qu'il vous convienne… Toutefois, attendez 2 à 3 heures après la digestion pour faire votre entrainement et attendez une heure après l'entrainement pour aller vous couchez ou pour prendre un repas important.

- Un petit mot quant au lieu choisi pour l'entrainement : Le plein air serait idéal, idéal rarement atteint malheureusement. Il faut, en compensation, laisser entrer à flots l'air, si possible, le soleil dans le local où se fait l'entrainement. Celui sera propre, net, d'ambiance agréable (est-il besoin de le préciser ?).

  Ceux qui aiment le stimulant de la compagnie ont tout intérêt à fréquenter une salle, c'est là qu'ils travailleront le mieux. Les partisans de l'effort solitaire tireront le plus grand bénéfice d'un local personnel, qu'ils aménageront progressivement.

Je n'ai donné ici qu'un bref aperçu sur la manière de pratiquer la musculation afin d'obtenir le maximum de rendement. Plus de détails sont donnés dans mon livre de culture sportive ou dans le livre Athlétisme pour tous » tous deux aux Editions Media Texte)

Avertissement

Il faut, avant toute chose, que le lecteur qui va entreprendre la lecture des chapitres suivants avec l'intention d'en appliquer les méthodes, soit persuadé de la nécessité impérieuse de l'examen médical préalable.

C'est volontairement que j'insiste sur ce préambule et que la pose en règle absolue : Ce livre n'aurait même pas sa raison d'être sans cette formalité indispensable puisqu'il va de soi qu'avant d'entreprendre toute gymnastique comme tout sport d'ailleurs. Il faut faire le bilan exact des possibilités physiques voire des incompatibilités.

On étudiera donc, au cours de cet examen médical, et ceci même chez le sujet sin :

- La musculature : Il existe des hypo musculaires et des hyper musculaires.
- La statique
- L'âge du sujet, car l'âge réel n'est pas toujours en rapport avec l'âge morphologique.
- Eventuellement, les tares organiques (diabète, hérédosyphilis, malformations congénitales etc.)

Il existe des contre-indications à l'exercice physique :

- Les cardiopathies congénitales ou rhumatismales

- L'ostéochondrite de croissance
- La primo-infection ou la tuberculose
- Le rhumatisme articulaire aigu.

Ces exceptions mises à part, tous les autres sujets, non seulement peuvent, mais doivent faire de la gymnastique.

Dr Harold Durand

« Freed Wilson conférenciers, auteurs, motivateurs et conseillé d'orientation».

Exercice Physique avant l'âge Adulte

Age pré pubertaire c'est-à-dire 7 à 13 ans chez le garçon, 7 à 12 ans chez la fille.

a) Premier impératif : l'attitude

A cet âge, la chose primordiale est la bonne attitude. Mais il ne suffit pas de dire et répéter « tiens-toi droit » à un enfant que cette phrase excède et qui finit par s'en moquer. Il faut qu'il apprenne à se tenir droit.

Les exercices de correction de l'attitude auront lieu devant un miroir afin que l'enfant puisse voir ses mouvements et se contrôler.

1- Attitude station debout

L'enfant se met contre un mur, la tête bien verticale, regardant droit devant lui. Il se regarde dans le miroir et se corrige en commençant par la partie inférieure du corps.

Les jambes doivent être droites, genoux se touchant et talons de même (si on a affaires à un enfant dont les voutes plantaires sont affaissées (1). La gymnastique corrective se fera, au début, avec les semelles orthopédiques dans les chaussures, de façon à ce qu'ainsi l'équilibre du bassin et la rectitude des membres inférieurs soient assurées.

Le ventre doit être rentré par contraction des abdominaux.

Les fessiers doivent être contractés. Les muscles fessiers doivent toucher le mur.

Les épaules doivent être rejetées en arrière, la poitrine bombée.

Les bras doivent prendre le long des cuisses, les paumes regardant devant, le petit doigt à la couture du pantalon.

La tête doit être verticale.

Si la position est correcte, le derrière de la tête, les épaules, les fesses et les talons doivent toucher le mur. On tiendra cette attitude de station debout en rectitude en comptant jusqu'à dix puis on se reposera en relâchant l'attitude et on recommencera cet exercice trois à cinq fois chaque matin. On peut, dans cette attitude tiré comme pour se grandir sous une toise imaginaire.

Répété chaque jour, cet exercice favorise la croissance de la taille il permet surtout d'acquérir ce qu'on appelle « un beau port de tête », c'est le premier exercice fondamental qui donnera l'habitude de se tenir bien, non seulement dans l'immédiat mais surtout dans l'avenir ; cette bonne attitude. Une fois acquise c'est pour tout le reste de la vie.

Dans un second temps, quand l'enfant aura acquis la bonne attitude « station debout correcte » au mur, il avancera de quelques pas et prendra de nouveau cette même attitude. Il se regardera de face dans le miroir en étant en attitude station debout correcte » puis effectuera le même exercice en se regardant de profil (évidemment, dans ce cas, la tête se tourne vers le côté).

Puis au cours de la journée, en se promenant ou en se rendant à l'école, l'enfant s'efforcera de garder cette bonne attitude qu'il prend maintenant si facilement lors de ses exercices journaliers abdominaux contractés, ventre plat, fessiers contractes, tête droite comme si elle supportait une jarre ou le pot au lait sans le casser, évidemment.

Cette attitude semblera forcément un peu figée au début mais cet exercice d'attention répété le plus possible finira par donner dans les mois qui suivent, une belle attitude sans effort et naturelle lorsque celle-ci sera dégagée de la crispation de la contrainte mentale. Il faut persuader l'enfant que cet effort mental et physique qu'il s'impose le met sur la route de la santé et de la beauté. Et on assistera d'ailleurs par la suite, à l'épanouissement de ces attitudes volontaires conscientes, à leur transmutation, à la faveur du subconscient en attitude inconscientes d'ordre, de rectitude morale, de volonté, d'activité, d'énergie…

Et maintenant que nous avons défini la bonne attitude debout et que celle-ci est prise, et bien prise, nous allons tout naturellement passer à la bonne attitude assise.

2- Attitude station assise

Nous envisageons ici l'attitude correcte à prendre en étant assis. Sans ou avec table devant soi, sans avoir à se pencher pour écrire par exemple. Cette attitude correcte de la station assise se prendra facilement et tout naturellement, puisque l'enfant sait maintenant se tenir correctement debout ou en marchant. Répétons toutefois que là encore les abdominaux et les fessiers seront contractés, la poitrine bombée, les épaules en arrière, les bras reposant éventuellement sur les accoudoirs du siège ou sur la table (buste à dix centimètre de la table).

Cette attitude peut nous sembler, surtout au début, un peu figée. Pourquoi ? Mais tout simplement parce que ne voyez plus guère autour de vous que des gens relâchés physiquement (et bien souvent moralement aussi, de ce fait). Des éternels fatigues trainant dès le matin un pauvre corps flasque et pesant, des gens « mal foutus » pas toujours par la faute de Madame nature, mais tout simplement parce qu'ils se sont laissés aller à l'avachissement et aux déformations.

Cette bonne attitude n'est que l'attitude normale, naturelle d'un être harmonieux, bien portant, jouissant de l'épanouissement de toutes ses facultés physiques, mentales et morales : nulle ostentation, nul orgueil, nul « complexe de supériorité » dans cette attitude. Là mais au contraire toute la simplicité, l'élégance naturelle, la dignité d'un être sain et vigoureux.

Vous, jeunes filles, qui viennent dans mon cabinet de consultation vous plaindre « de ne pas avoir assez de poitrine ».

(Ah ! ces belles affligées qui se gâchent leurs meilleures heures par des complexes souvent fallacieux). Je peux vous assurer que maintes fois la seule responsable est votre mauvaise attitude, courbée en avant, l'échine ronde, comme battue d'avance par la vie. Vos seins sont absolument normaux, et il suffit de vous tenir bien droites, la poitrine bombée naturellement et sans ostentation pour que votre buste, votre décolleté soient mis automatiquement en valeur. Et vous, mes gars, pensez donc à l'impression de visibilité, de force sans démonstration qui se dégage d'une belle attitude. Même si les enfants rechignent maintenant envers cette contrainte de la bonne attitude, ils se remercieront plus tard croyez-moi, parents ou éducateurs assez fermes pour la leur imposer. Evidemment, quand les efforts de maintien de bonne attitude commencent à peser l'enfant, il doit se relâcher de temps en temps (d'ailleurs de moins en moins fréquemment au fur et à mesure que l'habitude, de contrainte devient naturelle) mais en prenant conscience qu'il se détend. Même l'esprit ne sera pas, plus que normalement, préoccupé par cette attitude mentale de bonne position ; au bout de quelques jours, l'enfant y pense déjà moins et un quart de seconde il rétablit la bonne position dès que la sensation de relâchement se fait sentir.

Il va de soi que si l'enfant se tient bien d'avance, ces exercices seront très faciles.

Dans les cas-si fréquents, hélas ! de dos rond (cyphose), associés souvent à l'ensellure lombaire (lordose), ces exercices de bonne tenue sont capitaux pour redonner sa rectitude à la colonne vertébral, faire gagner ainsi quelques centimètres et prévenir, par-dessus le marché, les pénibles douleurs dorsales chez l'adulte.

Grace à ces premiers exercices-élémentaires, mais capitaux de bonne tenue, l'enfant a pris conscience de la position correcte et du mouvement correct. Et, entre sept et dix ans, c'est là le principal. Il ne s'agit pas, à cet âge de faire de muscle, mais d'éduquer les réflexes d'attitude, de préparer le terrain à recevoir le bon grain qu'on y se muera bientôt.

b) Deuxième impératif : la respiration

Il faut d'abord que l'enfant prenne conscience de l'acte respiratoire normal (et je connais nombre d'adultes qui l'ignorent)

Inspirer, c'est faire entre l'air dans les poumons, à l'intérieur, par le nez.

Expirez, c'est faire sortir l'air des poumons, vers l'extérieur, par le nez, toujours sauf durant les exercices violents (par la bouche). Auparavant le médecin aura mesuré au spiromètre la capacité thoracique (1).

Il aura mesuré aussi l'élasticité thoracique par la différence de diamètre (mesuré au niveau de l'appendice xyphoïde, entre le périmètre maximum ã l'inspiration et le périmètre à l'expiration. Normalement, en gros

A 6 ans : 2 cm

A 10 ans : 3 à 4 cm

A 15 ans : 4 à 6 cm

A 18 ans : 4 à 7 cm

Ce qui est intéressant à constater, ce sera l'amélioration procurée par les exercices. On a intérêt à effectuer les mesures tous les trois mois afin de stimuler l'enfant, de la faire coopérer au développement de sa cage thoracique et de sa capacité respiratoire.

Le médecin aura vite dépisté les déformations thoraciques et les insuffisances respiratoires, et souvent on trouvera, à leur origine, une mauvaise perméabilité nasale.

1- Inspirer par le nez

Comment savoir si on inspire bien par les deux narines ?

On bouche une narine avec le doigt et on inspire et expire par l'autre. On fait la même chose avec la deuxième narine.

Au besoin, s'aider d'un petit miroir placé sous la narine non bouchée qui doit alors se couvrir de buée. Le médecin, mieux que vous, constatera s'il y a ou non quelque chose d'anormal (il peut même s'aider d'un appareil qui, placé successivement dans chaque narine, permet de mesurer le souffle en expiration).

Le médecin vous révélera la cause de cette mauvaise perméabilité nasale. Il diagnostiquera soit l'existence de végétations adénoïdes, ou de polype soit une cloison nasale déviée. Il y aura lieu alors de suivre son conseil ã savoir l'ablation des végétations ou des polypes, ou encore une opération rectificative de la cloison nasale.

Mais il arrive souvent que la respiration de l'enfant ne soit gênée réellement par rien : il ne s'agit alors que d'une mauvaise habitude de respirer par la bouche. Il faudra donc l'éduquer à inspirer par le nez en dilatant ses ailes de nez en ouvrant ses narines béantes (faire cet exercice amusant devant un miroir) pour le débarrasser de sa mauvaise habitude de pincer le nez qui diminue la rapidité d'admission de l'air et favorise ainsi le manque de développement de la cage thoracique.

2- Respirer avec le diaphragme

Comment ? Les grands sportifs, les athlètes de compétition ont été puissamment aidés pour réaliser leurs exploits (peut-être même en est-ce une des causes principales) par une capacité respiratoire supérieure à 7 et par une respiration thoracique supérieure.

On voit rarement réussir des athlètes ayant une respiration abdominale. Or, le plus souvent, sans éducation respiratoire, les enfants ont une respiration abdominale et un jeu diaphragmatique médiocre. La paroi abdominale est faible et relâchée, le diaphragme ne trouve pas son point d'appui normal sur les viscères qui sont emprisonnés dans une cage musculaire (constituée à l'arrière par les muscles dorsaux lombaires, en avant, sur les côtés par les abdominaux grands droits, obliques et transverses : on comprend donc que, pour développer la respiration, il faut aussi développer les abdominaux.

Prise de conscience de l'acte respiratoire normal

1) Debout, bien droit, bras ballants, muscles relâchés, devant la fenêtre ouverte, faire entrer l'air par le nez par une inspiration lente, profonde régulière, qu'on fait durer le temps de compter jusqu'à 5, 6 ou 10. L'abdomen, à ce moment est dilaté.
2) Continuer à respirer en dilatant la partie supérieure du thorax ventre bombé.
3) Contracter les abdominaux (rentrer le ventre) en haussant légèrement les épaules, ce qui ventile complètement les poumons. Arrêter alors quelques secondes, le temps de compter jusqu'à 6, 8 ou plus.

Ensuite, expirer lentement, pendant 6 à 7 secondes, porter les épaules en avant, rentrer le ventre, en comptant 10, 12, 15, etc. L'expiration doit être plus longue que l'inspiration. Faire cet exercice trois à quatre fois matin et soir et en augmenter progressivement le nombre et la durée. Il est bon de le faire aussi dans la journée, au cours des loisirs, des promenades en plein air.

Exercices pour le diaphragme et le transverse.

Allongé sur le dos, expirer profondément, rentrer fortement le ventre et le sortir.

Même exercice debout ou après inspiration profonde.

Couché sur le dos, faire un effort d'expiration glotte fermée en rentrant le ventre.

Exercice de tenue de l'expiration : couché sur le dos, inspiré à fond puis émettre un son continu, régulier le plus longtemps possible.

Il faudra toujours s'efforcer d'inspirer d'une façon ample en ouvrant largement le thorax, et expirer d'une façon lente poussée à fond, en rentrant le ventre et en abaissant les épaules.

Nous venons de voir quels sont les impératifs de la formation physique chez l'enfant : c'est, d'une part, la bonne attitude, d'autre part, la respiration correcte. Nous allons maintenant aborder le chapitre de la gymnastique propre à l'enfance qui ne peut être entreprise sans l'acquisition préalable de la bonne attitude et de respiration correcte. D'autre part, et réciproquement, cette gymnastique agira un retour sur la bonne attitude et la respiration. Ces différentes disciplines dépendent donc l'une de l'autre et réagissent les uns sur les autres.

Gymnastique de l'âge pré pubertaire

a) Gymnastique à faire à la maison

1- Gymnastique abdominale

Grand droit de l'abdomen, abdominaux inférieurs.

Enfant allongé sur le dos, élever progressivement les membres inférieurs étendus. Ce mouvement est favorable, surtout à la cyphose lombaire. (Dans la cyphose lombaire, la déformation est dans le bas de la colonne vertébrale, le dos est plutôt creusé).

Image page 22

Si l'enfant a tendance à la lordose, commencer le mouvement les cuisses semi-fléchies sur le bassin, genoux pliés pieds au sol.

Image 23

Faire ce mouvement de 6 à 10 fois, exécuter une ou deux séries suivant l'entrainement,

- Variantes

A plat dos, faire des ronds avec les pointes des pieds jambes parallèles au sol à 30 – 50 cm.

A plat dos, faire de la bicyclette, jambes et pieds au zénith jusqu'à fatigue ou contracture.

En cas de crampe musculaire pénible, arrêter et recommencer une ou deux minutes après.

b) Abdominaux supérieurs

Enfant allongé sur le dos, bras dans le prolongement du corps : s'asseoir en jetant les bras en avant comme pour toucher la pointe des pieds.

Quand cet exercice se fait facilement (dix répétitions deux à trois séries), faire le même exercice avec les mains à la taille, plus le même exercice avec les mains à la nuque. Si les pieds ont tendance à se soulever pendant l'exercice, les placer sous un meuble.

c) Obliques

Ils sont souvent déficients.

Enfant allongé sur le dos, bras en croix collant au sol membres inférieurs tendus à la verticale. Pencher latéralement les membres inférieurs d'un côté, puis de l'autre. Ce mouvement est plus facile avec les jambes repliées aux genoux, les abaisser alternativement à droite et à gauche.

- Enfant allongé sur le dos, jambes légèrement écartées mains jointes derrière la nuque relever la tête et le tronc à 45 degré et exécuter une rotation du tronc de chaque côté jusqu'à ce que les coudes touchent le sol. Si les pieds ont tendances à se soulever les caler sous un meuble ou les faire tenir par quelqu'un.

Image 24 en bas

d) Transverses

Ce sont les muscles-corsets, ceux qui font rentrer le ventre.

Faire une inspiration forcée, puis expirer lentement par la seule rétraction du ventre sans mouvement du thorax.

2- Gymnastique des muscles scapulaires

On fera travailler le trapèze et le rhomboïde muscles abducteurs de l'omoplate reliant celle-ci à la colonne vertébrale. Leur contraction entre et même redresse les scolioses et lutte contre les omoplates décollées.

- Enfant debout, bras allongés le long du corps portant des haltères légers ! exécuter des mouvements de projection des bras en arrière. Même mouvement avec les bras toujours horizontaux mais écarté, en croix, comme point de départ.
- Enfant allongé sur le sol, à plat ventre bras en croix : élever les bras et le haut du buste en tournant les bras en rotation externe.
- Exiger de l'enfant, dès le début, la discipline respiratoire durant les exercices celle-ci deviendra, par la suite, instinctive. Il faut toujours expirer en exécutant les mouvements centripètes, il faut toujours inspirer en exécutant centrifuges. En termes clairs, il faut toujours inspirer. Faire entrer l'air à l'intérieur.

En exécutant des mouvements qui éloignent les membres inférieurs ou supérieurs du corps. Il faut toujours expirer-chasser l'air vers l'extérieur- en exécutant des mouvements qui rapprochent les membres inférieurs ou supérieurs vers le corps.

Image 25

Au « dedans »	Au dehors
Mouvement centrifuges	Mouvement centripètes

- Si l'enfant à une bonne attitude à la base, il a tout intérêt néanmoins à exécuter régulièrement ces exercices. Ils lui éviteront les déformations dont nous allons parler et qui surviennent lors de sa croissance ou sont la conséquence d'une mauvaise attitude scolaire, penchée sur le pupitre.

Ces exercices s'imposent (deux séances par semaines) lorsque le médecin constate des déformations :

Attitude lordosique lombaire

Attitude cyphotique dorsale

Attitude cyphotique lombaire

Attitude scoliotique ou scoliose fixée.

Ces exercices constitueront alors une excellente gymnastique curative et rééducative à laquelle s'ajouteront des exercices particuliers à chaque cas.

Après diagnostic médical, il y a plus d'intérêt alors à présenter l'enfant à la kinésithérapie qui, en douze séances enseignera la bonne attitude. Les mouvements respiratoires, le travail des abdominaux des scapulaires. Dans ces cas le médecin vous obtiendra l'accord de la caisse de sécurité sociale pour le remboursement des douze premières séances. Et vous n'aurez plus qu'à faire persévérer l'enfant.

c) Education physique en classe

Nous verrons assez superficiellement ce chapitre (puisque ces exercices seront exécutés sous la direction des professeurs d'éducation physique compétents).

Toutefois, je tiens à la signaler rapidement à titre documentaire pour les parents (d'autant plus que ces exercices) le plus souvent d'assouplissement gardent leur nécessité et le leur pleine valeur en tant que dérouillage à chaque âge de la vie).

Ces exercices sont conseillés par le professeur d'EPS, Les maitres insisteront sur les mouvements analytiques en souplesse.

- Membres supérieurs

Station debout, bras pendant le long du corps : élévation des bras à l'horizontale devant soi, puis à l'horizontale, paumes regardant le sol latérale, puis élévation des bras à la verticale.

Répéter dix fois chaque série

Image 27

- Membres inférieurs

Mains aux hanches, exécuter des mouvements de fente avant fléchie.

Image 27 en bas

Image 28

Fente latérale Fente arrière

Répéter dix fois chaque série

Mouvements d'équilibre

Mains aux hanches, élévation en avant de la cuisse, jambe fléchie, puis extension et flexion de la jambe.

Image 28 en bas

Elévation latérale de la jambe, étendue en abduction.

Elévation de la jambe accompagnée d'un mouvement d'élévation des bras soit à la verticale, soit à l'horizontale en croix. Ce mouvement s'exécutera avec l'une, puis l'autre jambe.

Image 29 mitant

Il va de soi que toutes ces séries seront répétées au moins dix fois.

Saut à la corde

Malheureusement un peu délaissé actuellement, c'est pourtant une excellente chose qu'un enfant au plus grand intérêt à pratiquer (chacun ne sait-il pas qu'il fait partie de l'entrainement des boxeurs et autre sportif ?) c'est un des meilleurs exercices qui soient pour « donner du souffle ».

N'oublions pas non plus la notation sport excellente et complet auquel l'enfant adorera se livrer. La pratique de ce sport ne présente plus guerre de problème actuellement ou la plupart des villes et villages ont à cœur d'assurer leur équipement sportif et ou la possibilité de plus en plus développé de vacances permettent à chacun de se livrer à ce sport dans l'année, soit de façon continue, soit par intermettence.

A cet âge, le plus important, du reste demeure le jeu, soit qu'il s'agisse du jeu en lui-même (auquel cas les enfants se passent bien de l'intervention des adultes, soit d'exercices divers présentés sous forme de jeux.)

On peut déjà initier au sport individuel et même à un peu de compétition. Sous cette forme seront présentés les exercices d'opposition ou de résistance, de pression et de traction, de lutte à deux élèves ; de même, les suspensions à la barre le grimper à la perche ou à la corde. Le port de de fardeaux sur la tête.

Avant 13 ans, il ne faut surtout pas viser au développement musculaire, car les attaches musculaires de l'enfant sont fragiles et ses os malléables : l'hypertrophié musculaire risque de faire un enfant courtaud, par arrêt de la croissance osseuse. Les muscles envoie de développement sont d'ailleurs inapte aux contractions soutenues et rapides. La culture physique de cet âge doit viser à développer la circulation, la respiration, l'amplitude articulaire. Dès cet âge, initions l'enfant aux joies de la marche, à pied, entrainons le à devenir cet animal en voie de disparition qu'est devenu le « bon marcheur ». Et, pour le reste, laissons avant toute chose l'enfant se livre à sa disposition naturelle pour le jeu puisque le plaisir qu'il en éprouvera vient du besoin physique qu'il en a. il faut veiller toutefois à ce que ces séances soient courtes ! elles ne doivent pas excéder vingt minutes (l'enfant en pleine animation ne sent pas sa fatigue). Il faut aussi choisir des jeux exigeant plus de souplesse et de vitesse que de fond et de force.

Quelques règles d'hygiène de vie de cet âge

Si vous avez la chance d''habiter la campagne, laisser donc votre enfant vivre sa vie de petit campagnard, qu'il aide aux travaux des champs si cela lui plait, rien de meilleur pour lui, qu'il ramasse les pommes de terre cueille les petits pois, fasse du jardinage ou aux vendages, il en tirera le plus grand bien.

Si vous habitez la ville, obligez-vous, chaque dimanche, à l'accompagner de préférence en dehors de la ville, pour abattre quatre cinq bond kilomètres à pied (cela vous fera autant de bien qu'à lui). Ou bien faites-le adhérer à un mouvement de scoutisme qui lui permettra de faire de l'hébertisme non pas sous une forme artificielle et figée (oh ! ces vagues » ennuyeuses, cauchemar de notre adolescence collégienne !) mais au contraire sous sa vraie forme, c'est-à-dire vivante et pleine d'attraits. Et, de plus ces organismes de jeunesse de quelque inspiration qu'ils soient-font appel au sens moral, au respect de la parole donnée, développent le sens des responsabilités, l'initiative individuelle, épanouissent les possibilités et la personnalité de l'enfant. Cette vie de plein air présente deux écueils qu'il est bon de connaitre !

1- Se méfier des températures extrêmes et surtout des variations de température auxquelles l'organisme de l'enfant est plus sensible que celui de l'adulte. L'enfant doit se dévêtir ou se couvrir à temps, sous peine de coup de chaleur ou de refroidissement.
2- Mettre l'enfant en garde pour qu'il sache se freiner, s'arrêter à temps.
   Si l'enfant rentre fiévreux, courbatu sans appétit, après avoir joué ou assiste à un « grand jeu » il faut le coucher et lui donner des jus de fruit. Il aura très vite récupéré.
   Si la température ne baisse que vingt-quatre heures plus tard, c'est qu'il y avait surmenage aigu.
   S'il nous semble que votre enfant maigrit pâlit, perd son appétit, ne grandit pas il faut penser au surmenage chronique et l'obliger à se ménager.

Faire cesser les jeux et les exercices pendant quinze jours à un mois. Si au bout de ce temps l'enfant n'a pas récupéré, appétit, sommeil et poids, alors il faut voir votre médecin. Les grands points de l'hygiène de la vie de l'enfant sont :

- L'hygiène corporelle (mains, ongles, pieds) heureusement entrée dans les mœurs et sur laquelle nous n'insisterons donc pas.
- Le sommeil : douze heures de sommeil sont absolument indispensables à l'enfant sachez défendre la santé de votre enfant contre l'intrusion de la télévision ou de vos propres sollicitations nocturnes !
- L'alimentation doit être varié, copieuse et équilibrée. Vous devez procurez par jour à votre enfant au moins un demi-litre de lait ou des fromages s'il n'aime pas le lait, de la viande ou du poisson ! 10g nets par an d'âge, jusqu'à 150g par jour remplacés de temps en temps par un ou deux œufs frais.
  25g de beurre cru
  400g de glucides (pâtes, riz, pain, pommes de terre, aliment sucré)
  Des légumes et des fruits frais, crus ou cuits.

Comme boisson, de l'eau pure. Attention, pas de vin (pas encore) pour l'enfant, pas de café noir et fort, limiter la bière à deux, trois verres par jour.

- Les repas doivent être pris à heures fixés mais, surtout, laissez manger l'enfant selon son appétit.
- Le coucher et le lever doivent aussi s'effectuer à heure fixe : Les bonnes habitudes se prennent en étant jeune. Faites confiance au médecin d'hygiène scolaire qui voit votre enfant au moins une fois par an. Laissez faire les cuti-réactions. Evidemment, au moindre doute sur son état de santé, présentez l'enfant à votre médecin traitant.

Mais si le praticien vous rassure, alors ne couvez pas notre enfant, laissez-le jouer, s'épanouir en « liberté surveillée » surveillée par vous, ses parents.

En résumé, à cet âge, on a à défendre le squelette de l'enfant avant toute chose ce n'est que par la suite qu'on s'intéressera au capital musculaire.

Donc, durant la troisième enfance ou période scolaire, c'est-à-dire, répétons-le, de 7 à 12 ans pour la fille, 7 à 13 ans pour le garçon, il suffit d'insister :

. Sur la bonne attitude

. La respiration

. La culture physique des abdominaux et des scapulaires

N'oublions pas que la taille et la corpulence d'un individu sont déterminés par :

- Les facteurs génétiques et raciaux : il existe des familles de petits ou de grands, de même que les races nordiques par exemple donnent des individus plus grands, à puberté plus tardive que les races méditerranéennes. Si le mauvais fonctionnement d'une de ces glandes est responsable d'un trouble de croissance de l'enfant, c'est au médecin qu'il appartient de le déterminer et de le soigner.
- Les facteurs extrinsèques : mode de vie climat, alimentation. C'est ici qu'on se rend compte combien l'hygiène de vie que nous venons de décrire peut avoir de répercussion, non seulement sur la santé présente de l'enfant un facteur de surmenage susceptible d'handicaper sa croissance.
- Le meilleur moyen de s'assurer que l'enfant est en pleine forme et santé est d'ailleurs de suivre l'évolution de cette croissance, ce qui est facile grâce à la prise fréquente des principales mensurations selon le tableau proposé par Welkins.

Evolution de la croissance

1- La taille se prend debout, en bonne position, contre un mur ou, mieux, à la toise.

2- Les proportions squelettiques

- La grande envergure. C'est la distance les bras étendus en croix, entre les deux extrémités des index :
- Segment inférieur. C'est la distance au sol du pubis (ou entre jambes), les jambes étant jointes et doutes, les pieds posés à plat :
- Segment supérieur, c'est la hauteur du sujet aussi, en position correcte, contre un mur ou, mieux, une toise.
- Le rapport segment supérieur ou S nous segment inférieur ou I donnera une chiffre.
- Périmètre crânien. C'est le plus grand périmètre de la tête, pris au-dessus des oreilles, avec un mètre de couturière.

Tableau 35 et 36

3- Etat de nutrition

- Poids : l'enfant pesé toujours sur la même balance, si possible, nu et le matin à jeun.
- Périmètre thoracique : pris au niveau de l'appendice xyphoïde ;
- Périmètre abdominale : pris au niveau de l'ombilic, le ventre étant relâché

4- Maturation sequelle :

- Diamètre bi huméral : c'est la distance séparant les deux grosses tubérosités humérales, mesurée au pied à coulisse c'est-à-dire la distance entre les deux épaules ou plus simplement la carrure ;
- Diamètre bi trochantérien : c'est la distance séparant les deux grands trochanters, c'est-à-dire la distance entre les deux ou des hanches ou plus simplement le bassin.
- Les mensurations est vraisemblablement pathologique quand les variations en plus en moins sont de l'ordre de 12%. Durant la période scolaire, l'enfant va grossir de 10 à 12 kg et grandir de 12 à 13 cm.

  Le segment inférieur s'accroit plus vite que le segment supérieur, de sorte qu'à 10 ans, les deux segments sont égaux, ce qui constitue un critère de croissance normale.

  C'est à âge aussi qu'il faudra déceler soigner ou prévenir les déformations (du squelette en particulier)

1. Signes de rachitisme même discrets :

- Jambes arquées en O ou en X
- Genoux qui frottent
- Thorax écrasé, ou inégal, ou en entonnoir
- Côtés rentrées
- Epiphyses gonflées formant de grosses attaches.

- Comment prévenir ce rachitisme ?

a) Par l'alimentation riche en calcium, phosphore et vitamine D.
- Le calcium se trouve dans le lait, laitage, fromages, fruits secs et frais.
- Le phosphore dans le lait, œuf, viande, poisson, cervelle, pois, haricots.
- Les vitamines D antirachitiques, dans le lait, beurre, jaune d'œuf, huile, graisses.
- Il est donc nécessaire de donner à l'enfant une alimentation variée, équilibrée, afin d'être sûr que le rapport Ca, Ph indispensable à son ossification soit respecté.

b) Par le grand air, l'exposition au soleil facteurs très importants. Les stérols contenus dans la peau ne peuvent en effet se transformer en vitamine D que sous l'action des rayons ultra-violets du soleil.
- C'est pourquoi, dès que le soleil se montre il faut y exposer vos bébés, vos enfants le plus dévêtus possible, en prenant évidemment les précautions d'usage commencer par jambes et bras, ne pas laisser au courant d'air, prendre garde à ce que l'enfant ne prenne pas froid.
- Dès le printemps et surtout en été, laissez jouer les adolescents au soleil, en simple culotte. Le soleil est une grande panacée quand on sait l'utiliser avec prudence. L'adulte lui-même, dont le squelette est soumis à de continuels remaniements osseux, ne peut que tirer quand bénéfice d'une cure d'air et le soleil se montre peu, il faut absolument prévoir des vacances au soleil et passer ces vacances de santé le plus dévêtu possible. Le bikini est le costume idéal. Afin que la peau et l'organisme absorbent leur ration annuelle de rayons ultra-violets les phénomènes qui se produisent (respiration transpiration de la peau, vasodilatation à la chaleur, pigmentation, etc.) agissent en bien surtout l'état général (on verra plus loin la technique du bain de soleil).

- L'enfant prendra en jouant son bain de soleil allongé, car il doserait difficilement la durée et l'intensité de son exposition et risquerait le coup de soleil plus ou moins grave, le coup de chaleur et aussi le refroidissement (en allant se jeter par exemple directement à l'eau après une exposition).
- Les vacances au bord de la mer (et spécialement sur les côtes de la mer du nord, de la manche de l'Atlantique) sont particulièrement indiquées pour favoriser le développement osseux de l'enfant et contribuer à sa transformation physique. Aux bons effets du soleil se joignent en effet les vertus indiscutables de l'air marin et de l'eau salée (voyez un enfant à son départ, puis à son retour de telles vacances et vous serez persuadés de la nécessité vitale du changement d'air).

  Certains enfants, toutefois, ne supportent par la mer. Elle accroit leur nécessité qui peut aller jusqu'à l'insomnie, et leur marque d'appétit. Je conseille néanmoins de persister deux jours, car l'enfant peut avoir au prime abord des réactions nerveuses, puis s'ACC mater (tout changement de vie, d'air, d'alimentation donne normalement des réactions d'exaltations qui se calment ensuite).

  Mais l'enfant peut parfois, vraiment, ne pas supporter la mer. Qu'importe ! Puisque Haïti est le deuxième pays de la caraïbe insulaire en étendue de zone côtières (après Cuba) ce qui reflète un potentiel considérable en ressources marines et possède 1700km de côte. Pour remplacer les bains de soleil, on peut aussi en ville, l'hiver – et surtout après un « été pourri »- faire à l'enfant quelques séances, une vingtaine, de rayons ultraviolets (ceux-ci vous serons remboursés par la sécurité sociale, à condition d'avoir été prescrits par le médecin).

2. Déformation de la colonne vertébrale et du squelette tout entier.

- La grande prévention demeure la bonne attitude, dont nous avons déjà parlé et sur laquelle je m'excuse d'insister encore tant elle est primordiale. L'enfant qui se tient mal, soit debout, en marchant ou à table, à son pupitre, va prendre des mauvaises attitude qui risqueront de se fixer.

Résumons brièvement ces attitudes vicieuses

- Attitude cyphotique

Tantôt cyphose dorsale quand l'enfant se voute, faite le dos rond en étant assis à table ou à son bureau.

Tantôt cyphose lombaire quand l'enfant, par exemple, s'assied au bord de la chaise avec ses épaules appuyées au haut du dossier.

- Attitudes scoliotiques quand, par exemple l'enfant se tient sur la fesse gauche, le rehaussement de l'épaule et de la déviation sinueuse de la colonne vertébrale.

Il ne faut pas oublier, cependant, qu'un enfant fatigué, sur mené ou malade. Il ne peut tenir longtemps la bonne attitude car ses muscles sont faibles et sa volonté insuffisante pour lui imposer une contrainte. Surveiller son alimentation et la durée de son repos (10-12 heures de sommeil s'imposent alors).

Image 40

Cyphose lombaire Scoliose Cyphose dorsale

3. Déformation du pied

Pour les éviter, il faut avant toute chose faire porter à l'enfant une chaussure adopté à son pied (gare aux chaussures trop courtes ou trop grandes !), de forme confortable, larges et non pas pointues du bout. Dans la mesure du possible, évitez le passage des chaussures d'un enfant à un autre, toujours néfaste pour le deuxième. Les déformations existantes seront exigées par une semelle orthopédique corrective ((prescrite par votre médecin). Car le grand danger d'une déformation banale du pied (pied plat par exemple ou légère inégalité des membres inférieurs) est qu'elle favorise l'installation d'attitude vicieuses de compensation tant au genou qu'à la hanche ou à la colonne vertébrale.

2.- Période pubertaire et adolescence

Juste avant cette période pubertaire, on va assister à une poussée de croissance pondéro-staturable chez l'enfant, poussée qui durera deux ans environ, selon les sujets.

- La poussée de croissance pondérale (c'est-à-dire augmentation du poids) s'effectuera d'abord la première.

- Puis viendra la poussée de croissance staturale (c'est-à-dire augmentation de la taille). Poussée d'une durée d'un an environ et portant surtout sur le segment inférieur (chacun de nous a remarqué qu'à cette époque, l'enfant est « tout en jambes »). La taille de l'enfant s'accroit alors 8 à 10 cm.

Qu'appelle-t-on adolescence ?

Communément, on appelle ainsi la période de passage de l'enfance à l'âge adulte.

A vrai dire, cette période comprend, en réalité la période pubertaire, de 12 à 16ans chez la fille, de 13 à 18ans chez le garçon, et l'adolescence proprement dite après 16 ans chez la fille. Après 18 ans chez le garçon.

Compte tenu, évidemment, de la distinction qu'il faut faire entre l'âge légal et l'âge physiologique du sujet.

Nous avons vu que juste avant la période pubertaire, in assistait à une poussée très rapide de la taille de l'enfant (8 à 10 cm en un an).

A la période pubertaire proprement dite (12 à 16 ans), cette croissance va se ralentir et ne dépassera plus guerre 1 à 2 cm par an et, contrairement à ce qui s'était passé précédemment, cet allongement portera sur le segment supérieur c'est aux environs de 18 ans que se marquera la fin de la croissance osseuse.

- Que se passe-t-il durant cette période pubertaire ?

On constate d'abord la révélation des caractères sexuels. Chez la fille, apparaissent les seins la torsion pubienne et axillaire.

Chez le garçon, la verge et les testicules augmentent de volume, les poils se développent la voix se modifie.

Pendant ce temps, se produisent de très importantes modifications de l'ossature, de la musculature de la répartition topographiques des graisses.

- Les muscles se développent davantage chez le garçon alors que la fille, c'est le tissu adipeux qui est plus abondant.

- Le bassin de la fille s'accroit dans toutes ses dimensions (augmentation du diamètre bitro-chanterien), alors que chez le garçon, le bassin conserve son caractère infantile, mais que le diamètre acromial augmente.
- Le poids augmente de 4 à 5kg entre 12 à 16 ans. La force musculaire – mesurée au dynamomètre triple entre 12 et 18 ans, pour atteindre en maximum entre 25 et 30 ans.
- Les muscles inférieurs se renforcent les premiers puis c'est le tour des bras (la vigueur du poignet double entre 14 et 17 ans.) Education physique de cet âge pubertaire c'est ici que s'impose la culture physique autodidactique. L'adolescent doit apprendre à pratiquer chaque jour une demi-heure à une heure de culture physique, soit le matin, au lever, soit le soir, deux heures après le souper et une heure avant son coucher (comme pour l'adulte, cela dépend de l'horaire de ses occupations et de ses dispositions personnelles). L'idéal, bien être, est de faire ces séances en plein air, sur une pelouse, mais, faute de cet idéal, un local quelconque, pourvu qu'il soit aéré et dépoussiéré, fera fort bien l'affaire.
- Schéma d'une séance de culture physique chez soi.

1) Mise en train – pas de gymnastique autour de la pelouse ou du local, voire sur place.
2) Respiration (déjà étudiées dans la gymnastique de l'enfant en période pubertaire. S'y reporter.
3) Bonne attitude
4) Exercices d'assouplissements qui constitueront l'essentiel de la culture physique de cet âge. Ces exercices seront inspirés de la méthode de ling ils seront simples, faciles, accessibles à chacun. Cette gymnastique, semblant, en général, peu attrayante, on la limitera à quelques exercices.

- Tête et cou :

Flexion et extension de la tête à la verticale

Image 43

Rotation	Inclinaison	Circumduction
A droite	A droite	De la tête
Et à gauche	et à gauche	

- Thorax :

Flexion du tronc en avant, debout, jambes écartées, les bras sont tantôt verticaux.

Image 44

Tantôt mains à la nuque

Image 44 en bas

Tantôt mains à la taille

Image 45

45

Bras en croix, rotation du tronc à droite et à gauche

Bras verticaux, jambes jointes, inclinaison du corps à droite et à gauche

Image 46

46

Mains aux hanches, circumduction du tronc

- Bassin et abdomen :

Mains aux hanches, fléchir lentement, à fond pour s'accroupir sur les talons.

Image 47

Bras, avant-bras, main :

Elévation des bras à la verticale

Image 47 en bas

Elévation latérale des bras (bras en croix)

Image 48

48

Circumduction des bras en les croisant devant soi, dans les deux sens.

Rotation des bras autour des épaules (actes du moulin), flexion des avant-bras sur les bras simultanément ou alternativement.

Circumduction de la main fermée autour du poignet.

Image 49

- Jambes

Mains aux hanches, balancement de la jambe d'avant en arrière.

Image 49

- Lancement de la jambe latéralement pointe en dehors.

Image 50

50

Rotation de la jambe

Ces mouvements peuvent être faits soit debout à la barre, soit allongé au sol sur le côté.

Il faudra exécuter une série de dix répétitions de chaque mouvement.

- Ne pas oublier d'insister sur le principe de la respiration au cours des exercices, déjà énoncé lors de la culture physique chez l'enfant et qui demeure une règle à toujours respecter : il faut inspirer en détendant, il faut expirer en rapprochant les membres du corps ou en se groupant. C'est à la maison aussi que peut commencer, avec prudence, l'initiation à la musculation

a) Avec exerciseur « force-enfant ». Les élastiques tiennent lieu, ici, de résistance. Cet exerciseur peut être facilement accroché et décroché grâce à des pitons posés au mur ou dans une embrassure de porte. Ils sont d'un prix modique. Se reporter au dépliant livré avec l'appareil pour les divers mouvements à exécuter.

b) Grâce à la pratique de la gymnastique fondamentale au bâton, méthode du Dr « soyons forts »). Dans cette gymnastique c'est ici un bâton d'un mètre de long (ou une canne) qui tient lieu de résistance. Quand les exercices deviennent trop faciles, l'adolescent prendra une barre de fer d'un poids adapté à sa force.

B1) Exercice physique en dehors de la maison

a) C'est alors le démarche, en plein air ou au stade, que seront pratiqués les mouvements naturels suivant la méthode 'Hebert'. Que les adolescents s'en donnent à cœur joie et se livrent à tous ces exercices qui leur plairont : course, saut, grimper, porter ou lever (attention ! ne pas dépasser en quart ou un cinquième du poids), lancer de balles ou jonglage avec massues de bois ; en groupe exercices de défense et de lutte.

b) En ville et même dans de nombreux villages il existe des « sociétés de gymnastique », des « cercles gymnastiques ».

L'adolescent les fréquentera pour son plus grand profit : il pourra s'y initier au travail avec appareils adaptés à son développement physique et il ne sera pas peu fier d'y apprendre à travailler aux gyrès.

c) Les jeux et sports d'équipe sont tous indiqués pour l'adolescent. En dehors de l'esprit altruiste qu'ils développent, ils présentent le grand avantage de ne pas exiger d'effort continu qui serait une source de surmenage pour un adolescent en pleine formation.

- Dans cette période pubertaire, l'enfant ne doit pas se livrer à des exercices de fond et il doit modérer les exercices de force afin d'éviter les déformations du squelette et surtout le surmenage chronique du cœur.
- Il faut donc être prudent dans le choix des exercices sportifs et accorder la préférence aux exercices de vitesse (qui se caractérisent par la rapidité des mouvements et par la fréquence des contractions). Ces exercices développent le cœur, le thorax et les poumons sont donc tous indiqués : la course, le canotage, l'escrime, le cyclisme.
- Quant aux sports véritablement d'équipe on donnera la préférence au football, au handball, au tennis pour les garçons ; au tennis, au basketball, au volleyball pour les filles.
- Rappelons une fois de plus que la natation demeure le sport complet qui peut être pratiqué avec le plus grand profit à tous les âges de la vie.
- Education physique de l'adolescence proprement dite. (16 à 18 ans environ)
  A ce moment, les os sont devenus solides le système musculaire s'est développé qui s'effectue même sans culture physique les reliefs musculaires se dessinent nettement.
- Après 17 ans, l'adolescent à presque atteint son type adulte idéal : il ne lui reste plus à prendre qu'environ un dixième de sa taille et un tiers de son poids.
- Il a déjà son type définitif qui nous permettra de la classer.

Kretschmer distingue deux types

- Le leptosome, long et mince : « asperge »
- Le pycnique, gros et court : « pot à tabac ».

Chez les leptosomes, la poussée pubertaire exagère souvent leur maigreur, les épaules sont étroites, les membres grêles, le visage mince et allongé. Ils forment le groupe des asthéniques, fragiles et dégingandés.

- Toutefois, certains « types longs » ont une nature plus vigoureuse, leurs muscles se développent davantage, le cou est solide, les épaules larges. Ceux-là sont susceptibles de devenir des adolescents athlétiques, favoris des stades.
- Le type pycnique, au contraire, malgré la croissance ne s'est pas fait de façon harmonieuse : ce sont les dysplasiques dont le cas relève de la science médicale.
- La culture physique de cet âge, la puberté étant maintenant terminée, visera à la réalisera du « type athlétique ». Tous les exercices physiques sont permis, liberté entière est donnée à l'exercice physique et à l'effort.

C'est la période idéale de la Musculation par l'entrainement avec charges additionnelles à condition de la pratiquer, comme chez l'adulte avec modération, prudence et en suivant une progression, dans la musculation.

- Evidemment, il ne s'agit pas d'entreprendre cette musculation avant de s'assurer de l'harmonie, de la souplesse et de la bonne tenue du corps (pas question de développer les masses musculaires d'un dos rond sans songer d'abord à redresser celui-ci.
- Il va donc de soi que les exercices de bonne attitude, de respiration, de souplesse... déjà décrit sont toujours valables à tout âge de la vie et qu'il faut les entreprendre avant toute autre forme de culture physique lorsqu'ils s'avèrent nécessaires. Si donc l'adolescent vient seulement de prendre conscience de la beauté d'un corps, s'il vient seulement d'être mordu par le désir de faire de la musculation sans avoir fait d'exercice physique auparavant... et qu'il n'est pas spécialement gâté par la nature, qu'il commence d'abord à se soumettre à cette discipline. Et surtout qu'il ne perde pas courage ! qu'il mette d'abord son corps en bonne condition pour recevoir ensuite sa parure, séduisante et saine, de muscles de force et de beauté plastique. La récompense est au bout de ses efforts, obligatoirement, inéluctablement.
- Tous les exercices physiques, par conséquent, sont permis à l'adolescent normal, dont la puberté est terminé.
- Ces exercices de force sont caractérisés par un travail musculaire considérable mettant en jeu un grand nombre de muscles. Exemple : boxe, lutte, poids et haltères, culturisme etc.
- Les exercices de vitesse (déjà cités) sont caractérisés par la rapidité des mouvements et la fréquence des contractions. Exemple ! cyclisme escrime, canotage etc.

- Alimentation de l'adolescent

Je crois avoir suffisamment insisté, au chapitre de l'éducation physique de l'enfant, sur la nécessité impérieuse d'une alimentation riche, équilibrée et variée.

Cet impératif est, plus que jamais, vital chez l'adolescent qui doit faire face à une métamorphose physique, donc à des dépenses accrues de son organisme.

- D'après Lucie Pandoin, l'adolescent de 10 à 15 ans au besoin, par jour, de 2000 à 3400 calories l'adolescent de 15 à 20 ans de 3200 à 3400 calories, alors qu'un adulte d'activité moyenne se contentera de 2400 à 2800 calories et le vieillard de 2000 à 2400 calories.
- L'alimentation de l'adolescent doit lui fournir abondamment.
- Des vitamines et des sels minéraux apportés par le lait frais, les fruits, les légumes, les œufs : le rapport calcium, phosphore sera plus grand que 1 (jusqu'à 1,5) »
- Des lipides (ou graisses) qui sont des aliments caloriques : 70g par jour de beurre et autres corps gras sont nécessaires à l'adolescent contre 30 à 40 g pour l'adulte et 15 à 25g pour l'enfant ;
- Des protides apportés surtout par la viande et les poissons ; les protides sont avant tout des aliments plastiques : il est donc naturel que la croissance de l'enfant exige, pour s'effectuer normalement, une ration élevée de ces matériaux bâtisseurs (en principe, la croissance de l'enfant exige 2,5 fois plus de protides, par kg de poids et par jour, que la ration d'entretien de l'adulte) : Si donc l'adolescent aime la viande, il est de son intérêt de lui en fournir deux fois par jour.
- C'est à cette période que les parents doivent être, plus que jamais, vigilants pour la composition des menus de leurs grands enfants et surveiller de très près leur alimentation les filles surtout, déjà inquiètes quelques pour leur ligne, ont tendance à se priver volontairement de nourriture ou d'une certaine catégorie d'aliments réputés « engraissants » et lisent ainsi leur organisme d'éléments indispensables à leur croissance. Ne pas oublier que l'anorexie mentale est plus fréquemment rencontrée qu'on ne le pense c'est un devoir pour les parents de déceler cette anorexie mentale – maladie grâce.
- Dès le début de ses manifestations en ne perdant pas de vue que l'adolescent qui en est atteinte emploiera toute son astuce à les dissimuler à son entourage (l'âge bête ne l'est

pas pour tout !). D'autres adolescents au contraire, pour échapper à l'angoisse de leur état de chrysalide à mi-chemin entre l'insouciance enfantine et les problèmes de l'adulte, se rabattent sur les aliments et on assiste alors à l'établissement d'un véritable état de boulimie, souvent élective pour une catégorie d'aliments (bonbons et chocolats surtout). Dans les deux cas d'anorexie volontaire ou de boulimie, il appartient aux parents de surveiller et de règlementer l'alimentation défectueuse de l'adolescent tout en soignant l'état psychique qui en est directement responsable, d'aidant au besoin, du psychologue et du médecin.

Hygiène de vie de l'adolescent

Ce chapitre de l'hygiène de vie est un des plus importants pour l'avenir de l'adulte qui sommeille chez l'adolescent.

- Nous avons déjà vu, chez l'enfant, que les bonnes habitudes prises très tôt ont de grandes chances de s'instaurer pour le reste de la vie.
- J'insiste donc ici, plus que jamais, sur la nécessité de :
- L'Hygiène corporelle : les garçons n'ont pas toujours beaucoup d'affinités pour l'eau et, quant aux filles, elles ont parfois tendances à camoufler des ongles en deuil sous le carnis d'un vernis et un minois sommairement lavé sous la poudre de riz de maman.
- Le SOMMEIL : l'adolescent, comme l'enfant, a lui aussi grand besoin de sommeil : 10 heures par jour. Que les parents prennent garde au surmenage intellectuel de leurs enfants, à leurs trop longues veilles, maintenant qu'ils sont astreints à des études qui commencent à devenir absorbantes. Sauf en période d'examen, veiller le plus possible à ce que le lever et coucher de l'adolescent se fassent à heures fixes. Et attention à la télévision, au cinéma du soir, aux sorties qui sont des facteurs de surmenage pour l'adolescent quand ils empiètent sur ses heures de sommeil.
- Le PLEIN AIR : c'est une nécessité impérieuse surtout, pour l'adolescent des villes. Qu'il soit confiné au collège, à l'atelier ou à l'usine, le décrassage des poumons de fin de semaine est le plus efficace (et aussi le plus agréable) des fortifiants.
- LES VACANCES : elles sont pour lui (comme pour l'adulte d'ailleurs). Non pas seulement un élément de train de vie, mais un élément de vie. Il existe actuellement assez d'organismes divers pour que l'adolescent, même pauvre, puisse s'offrir chaque année, à

bon compte, sa dose de soleil et d'air pur (camp de vacancier au moniteur, mouvements de jeunesse – qui permettent des vacances économiques, etc.). Je rappelle que même l'adolescent favorisé qui vit dans de bonnes conditions climatiques – trouve lui aussi le plus grand intérêt à prendre des vacances qui lui permettent de changer médicalement de climat : l'adolescent de la montagne s'épanouira au bord de la mer, comme le campagnard de la plaine se transformera en altitude : le coup de fouet du changement de climat n'est pas un vraiment. Un point tout particulier de l'hygiène de vie s'adresse à l'adolescent : c'est celui des mauvaises habitudes d'adulte qui datent bien souvent de cette période et que l'adolescent risque fort de contracter. Notre embryon d'homme, notre embryon de femme sont encore bien malléable et soumis à l'influence extérieure, bonne ou mauvaise. Peut-on reprocher à celui qui cherche sa voie de se tromper parfois de chemin ? c'est l'âge, de plus en plus, ou on cherche à se singulariser, ou les sentiments bons ou mauvais, sont extrêmes. C'est maintenant surtout qu'il faudra se méfier des habitudes néfastes qui nées d'abord par Esprit d'imitation plus que par conviction, risque ensuite de devenir tyrannique et de marquer l'adulte à jamais.

Et je pense à tous ces excitants divers auquel l'adolescent, bien souvent, sans attirance personnelle au début, croit bon d'avoir recours pour faire l'homme, pour faire l'affranchi... (Les filles ne sont plus à l'abri, à notre époque, de mœurs libérales).

- LE TABAC : je n'insisterai pas sur la nocivité de celui-ci (du moins de son abus...) des sommités médicales se sont penchées sur ce problème et l'ont prouvée sans discussion. Le grand public est au courant autant que moi.
- L'ALCOOL : et les boissons alcoolisées-vin bière prises en trop grande quantité). Il va de soi que les ravages qu'il fait chez l'adulte seront bien plus désastreux chez l'adolescent encore fragile et dont l'organisme n'a pas assuré toutes ses défenses. Limiter la quantité de boissons alcoolisées à un litre de bière ordinaire ou un quart de litre de vin par jour.
- LE DOPING sous toutes ses formes, qu'il s'agisse de café, de thé, pris en trop grande quantité pour « tenir le coup » (par exemple lors d'un examen) ou du soi-disant inoffensif coca-cola qui, pris à forte dose, transforme nos adolescents en piles électriques ; voire-même, dans les cas extrêmes, de « pilules qui remontent » qu'on se passe subrepticement, entre copains, au moment des examens.

- Je sais qu'il n'est pas facile d'aider l'adolescent à passer ce mauvais cap quand, malheureusement pour lui, il y aborde. Ce que dit l'adulte – parents éducateurs – fait partie pour lui, par définition, de l'univers des « croulants ». nous avons fait exactement la même chose en notre temps, car la jeunesse est éternelle, identique à elle-même à travers les siècles. Je te comprends, jeune qui me lit, et j'ai pensé comme toi. Puis-je espérer de ta saine jeunesse que les quelques conseils sincères (et mis en application !) de vie simple et naturelle que je te donne ici te prennent de ces paradis artificiels ?

II- Exercice Physique

De l'Age Adulte

L'individu a maintenant atteint sa forme accomplie et il est en possession de toute sa force physique. Il est à l'âge où tous les sports, tous les exercices lui sont permis. Entre 18 et 21 ans (ou plus tard pour certains), il ne peut pas toujours donner à son corps et sa forme tout le temps, tout le soin qu'il aurait voulu leur donner : il doit se consacrer à ses études de plus en plus absorbantes au fur et à mesure qu'elles s'élèvent et se spécialisent, à l'apprentissage d'un métier, à la recherche d'une situation, etc. ; le garçon de plus, doit satisfaire à ses obligations militaires. Donc, durant cette période qui, répétons-le, est de durée variable suivant les cas, la pratique des exercices physiques subit, la plupart du temps, une éclipse, soit, partielle, soit souvent (hélas !) presque totale. C'est à l'individu à adapter, durant cette période de transition, ses dépenses physiques à son cas personnel suivant le temps et les moyens dont il dispose.

Toutes ces obligations remplies, le voici maintenant devant lui-même, au seuil de la vie qui l'attend et qu'il fera telle qu'il a envie de la faire. C'est là son capital (le seuil valable !) a lui de le faire fructifier ou péricliter. Et voici alors que se pose la question :

1.- Pourquoi faire de la culture physique dès la jeunesse et, surtout, pourquoi continuer à la pratiquer ?

Cette question, le vrai culturiste, celui qui a su dépasser le stade du « m'as-tu vu ? », du narcissisme pour employer le terme classique, eh bien ! Le vrai culturiste, lui, ne se la pose même pas, cette question la : parce qu'il ne se demande plus pourquoi il en fait. Se dépenser physiquement est devenu pour lui un besoin aussi nécessaire, aussi indispensable à sa vie d'homme que la vie, manger, dormir… Les sportifs qui me lisent comprennent cela parce que, si par hasard ils n'ont pas fait leur dérouillage quotidien, ils ne sont pas contents d'eux, il leur manque quelque chose, ils ont rempli, vis-à-vis de leur corps, l'ensemble des devoirs de chaque jour : ils ont mangé, bu, se sont relaxés… mais n'ont pas fourni leur dose de dépense, physique.

Avant d'arriver à cet « état de grâce », en quelque sorte, qui attend un jour ou l'autre tout pratiquant de la culture physique, celui-ci connait les efforts pénibles, les découragements, les remises en route les abandons.

Il faut donner à ceux qui commencent la culture physique les raisons de la continuer, à ceux qui la pratiquent dans la joie, il n'est pas mauvais non plus de faire dépenser aux problèmes, de donner une explication à cet effort physique.

Certains diront : Nos pères ne faisaient pas de culture physique et ils se portaient bien, ils vivaient vieux. » C'est une erreur, car ils avaient, eux, une vie très active : travaux manuels, cheval, bicyclette ou marcher à pied obligatoires pour se rendre à leur travail, sans compter les jeux, en plein air et les danses folkloriques qui ont été de toutes les générations. On ne s''étendra pas sur les inconvénients de la vie moderne qui a soulagé trop bien l'homme des efforts physiques. Elle a remplacé l'effort musculaire par une concentration nerveuse et mentale de plus en plus grande, elle donne de plus en plus de responsabilités et moins de possibilités de se libérer, de se défouler.

J'examine, dans ma clientèle de science physique, des jeunes gens à la musculature évidente et harmonieuse et qui m'interroges, me disent « n'avoir jamais rien fait pour cela ».

Mais j'exerce à la campagne ou les conditions de vie ne sont pas celles de la ville, et, d'autre part, j'ai contacté qui s'agissait de jeunes garçons exerçant un métier manuel soit aux champs, soit en usine (levant de lourdes pièces de fonte ou de toile par exemple), mais j'ai rarement découvert une musculature sans culture physique chez un intellectuel, employé de bureau ou étudiant. D'autre part, il faut évidemment laisser aussi la part de l'hérédité dans notre héritage aussi bien physique qu'intellectuel et moral. Il est indéniable qu'il existe des familles de gens musclés « par hérédité » cette musculature n'étant pas toujours, pour autant, harmonieuse. Qui de nous n'a constaté les mollets globuleux dans telle famille ou la carrière large ou les avant-bras ou biceps saillants sans que le propriétaire y soit pour quelque chose ? Donc, il est indéniable qu'avec le minimum d'effort physique, un jeune homme arrivera à présenter avant quelques années une musculature harmonieuse et réelle. Pourquoi ? Parce qu'il est justement en période de croissance, de formation du muscle ; le muscle ne demande qu'à se former, s'élaborer la jeunesse est là, c'est le moment où, sans grands efforts ou même sans effort du tout, on peut atteindre au grand maximum de sa force et de sa beauté plastique. Il n'y a pas encore non plus de déformation acquise par la sédentarité et, si elles existent elles sont encore réversibles ; tous les aliments qu'on apporte au corps sont entièrement assimilés par lui pour sa formation, ils ne s'accumulent pas encore en excès, générateurs de toxines, de graisses...

En un mot, un être sain, en bonne santé, est aussi à cet âge heureux un être beau. Mais cet état ne dure pas, croyez-moi, il est essentiellement fugitif ! Au bout d'un an à trois ans au maximum, si l'activité physique n'existe pas (j'en suis chaque jour le témoin), nous voyons déjà s'amorcer les stigmates, d'abord discrets, de la dégénérescence, de la perte de force et de l'enlaidissement qui nous guettent. En avons-nous vu, vous comme moi, des beaux gars prendre 10kg en deux ans (et tout dans la brioche...) ; nous en avons vu se tarsier, se voûter, s'empâter, d'autres se dessécher... Et c'est pourquoi la culture physique quotidienne est notre moyen de lutte, le seul à la portée de tous, que nous offre la vie moderne, pour nous garder en pleine forme et santé, tout en restant (ce qui n'est pas si frivole que le disent nos détracteurs...) agréables à regarder, tout comme l'étaient nos ancêtres qui chassaient en forêt, marchaient des kilomètres chaque jour, pompaient l'eau à la pompe ou tiraient le seau du puits, etc. Vous jeunes gens, bénissez votre chance de pouvoir vous modeler dès à présent, vous pouvez arriver à une musculature qu'il ne vous restera qu'à entretenir, mais à laquelle il faut renoncer quand on s'y prend trop tard, quand l'organisme a perdu son pouvoir de machine à fabriquer de la belle matière humaine.

D'autre part, j'ai constaté qu'un homme ayant fait du sport dans sa jeunesse se reconnait d'avec les autres, même s'il a abandonné tout sport. Je sens chez ce client là une certaine tonicité de la chair, une certaine harmonie pas très explicable, mais qui font que je reconnais, du premier coup d'œil, un ancien sportif. Et on sent que ce muscle abandonne à lui-même ne demande qu'à repartir sous une nouvelle impulsion. De même qu'on sait toujours nager, aller à bicyclette, conduire une voiture des années après ne l'avoir plus fait, de même il semble exister une certaine « mémoire du muscle » qui fait qu'un ancien sportif qui a abandonné pour une raison quelconque retrouvera sa forme très vite.

Si nous oublions nos muscles, eux n'oublient pas.

1- Chacun de nous est donc persuadé que l'adulte moderne doit payer à son corps son tribut d'exercices physiques : c'est à la fois sa rançon d'une vie trop mécanisée, trop sédentaire et sa prime d'assurance pour une vie longue et belle.
2- Alors, pourquoi distinguer, d'entre les différentes manières de se dépenser physiquement, la pratique du culturisme ? Pourquoi lui accorder la préférence plutôt qu'à la culture physique à mains libres sans résistances (méthodes suédoise et Hebert par exemple) ?
   a) Côté pratique

      Le culturisme peut être pratiqué facilement à tout moment, en tous lieux, soit en salle soit chez soi pour ceux qui ont la place et le matériel.

      Ce matériel n'est pas très coûteux et peut être, d'ailleurs, assez réduit. Question place dans les petits logements ? Ne venez pas dire qu'il vous est impossible de fixer deux pitons dans une embrassure de porte pour votre exerciseur, ou de glisser sans votre lit vos deux haltères, voire une barre et ses poids ! Dans n'importe quelle région défavorisée par le climat (j'habite le Nord !) qu'il pleuve qu'il vente, le culturisme peut être pratiqué ceci annule les mauvais arguments des paresseux !

      Il n'est pas possible d'aller à n'importe quelle heure disputer un match de football (je parle de disputer, non de regarder), de faire un match de tennis, voire même de s'entrainer à l'hébertisme. D'abord, les stades sont généralement situés loin des agglomérations (le temps perdu en transport ronge le peu de loisir dont on dispose pour s'entrainer) ; il peut la plupart du temps… ce qui ne veut pas dire, entendons-nous, que je critique les sports, mais il demeure qu'au point de vue simplement pratique que nous sommes en train d'envisager, le culturisme, lui, est de tous temps et de tous lieux…
   b) Côté efficience

      Aucun sport n'est vraiment complet, chaque sport s'adresse à une partie déterminée du corps. Chacun de nous connait l'hypertrophie de l'avant-bras droit du joueur de tennis, les jambes musclées du coureur cycliste surmontées d'un torse parfois pitoyable, les bras splendides des tireurs à l'avion dont la partie inférieure du corps est restée malingre.

De plus, c'est une vérité reconnue que précisément, on a tendance à pratiquer le sport pour lequel on est doué : le coureur à pied s'exerce de plus en plus à la vitesse, le lanceur de poids à lancer uniquement des poids et les mordus d'un sport donné ne font ainsi qu'accentuer leur avantage naturel en même temps que s'accentuent aussi leurs déficiences naturelles.

Le culturisme, lui, s'adresse à toutes les parties du corps humain, qu'il développe harmonieusement et qu'il fond en « un tant le plus proche possible de la perfection ». C'est pourquoi les sportifs, plus encore que d'autres, devraient pratiquer la musculation par entrainement avec charges additionnelles de façon à équilibrer leurs dons et leurs déficiences et à y puiser plus d'harmonie.

Je suis persuadé qu'un pratiquant d'un sport déterminé dès qu'il se met à la musculation par le culturisme, deviendra bien meilleur encore pour pratiquer son sport : j'en suis d'autant plus persuadé que le virement actuel des officiels du sport semble nous donner raison : regardez la télévision. Lisez les journaux sportifs, on ne me parle plus que de musculation ! L'époque ou le culturisme était accusé de narcissisme me semble, Dieu soit loué, bien voulue ! On fait faire de squats aux footballeurs pour développer leurs adducteurs responsables de pas mal de claquages, ou en fait faire à nos skieurs, aux cyclistes. Pas toujours sous son nom et, d'une façon ou l'autre, le culturisme s'introduit de plus en plus dans vos milieux sportifs officiels qui lui étaient, jusqu'à présent, résolument fermés et mêmes hostiles.

c) Quant à l'HERBERTISME, nous en serions tous les plus fervents adeptes… Si nous le pouvions la vie de plein air est certes pleine d'attraits, la méthode naturelle ne peut que nous réduire, mais la vie moderne a rejeté cette brave méthode dans le casier des choses charmantes, idéales… mais désuètes.

Marcher des heures en forêt ou en montagne, sauter des fossés, grimper aux arbres… merveilleux, tout ça ; je le fais quand je le peux et vous aussi… c'est-à-dire aux vacances ou une fois par semaine en week-end (dans l'éventualité la plus optimiste !). S'il ne fallait compter pour se muscler, se mettre en forme que sur quelques heures par an… ce serait beau, trop beau, et les résultats en tout cas le prouvent bien : il n'y en a pas au point de vue musculaire, mis à part, évidemment, le bénéfice indéniable d'une journée de plein air, de détente pour le corps et l'esprit. L'hébertisme, il faut bien le constater, hélas ! Appartient à toutes ces choses qui constituent notre paradis perdus à nous autres hommes qui ont trop voulu jouer à « l'apprenti sorcier ».

d) Cuillère physique à mains libres

Nous avons essayé, ma femme et moi, et elle nous a procuré avant toute chose un ennui considérable ; nous attendions impatiemment la fin de la séance, et quant aux résultats musculaires... Certes, cette culture physique procure plus de souplesse, elle oxygène les tissus, elle fait respirer à fond, mais elle n'enlèvera jamais son ventre au pansu, ne fera pas naitre des biceps d'Apollon sur des bras en pompe à bicyclette ni galber des jambes en bâton d'allumettes. Mais il n'en reste pas moins que quelques mouvements à mains libres, au cours de la séance de musculation aux poids demeurent une bonne chose pour la détente, l'élongation, le délassement qu'ils procurent.

- Haïti, avant toute chose, est le pays de la beauté la perle des Antilles. Il ne faut pas être sectaire et rejeter délibérément telle ou telle méthode : elles sont toutes bonnes en ce sens qu'elles s'adressent à la volonté de l'homme et à ses beaux sentiments de courage et de persévérance. Et c'est là où le culturisme haïtien est, à mon sens, unique et irremplaçable : c'est qu'il ne se colle pas avec sectarisme à une méthode immuable et rigide. Il prend aux méthodes Française ce qu'elles ont de mieux pour la musculation, il prend au naturisme le goût du plein air, du soleil, de la vie libre et sans contrainte, et il garde son caractère propre, personnel, avec l'énorme apport que le Dr Durand, ... et maintenant l'Institut National des sports ont donné au culturisme mondial.

e) Narcissisme

Il est facile de critiquer, de parler de narcissisme au sujet des culturistes. D'abord, ceux qui le font n'ont sans doute jamais eu le courage de soulever un poids de leur vie ou de faire un effort physique, car alors, ils auraient la critique moins facile ! Remarquons d'ailleurs que ce soi-disant dédain de l'aspect physique ne les empêche pas – au contraire – de faire appel aux soins de leur coiffeur de leur chemisier et de leur tailleur (cet artiste qui gomme ce qu'il y a eu trop et rembourre ce qu'il n'y a guère !) : narcissisme aussi, et de l'espèce pire, puisqu'il n'exige, celui-là, aucun effort personnel. Et, de toute façon, si narcissisme il y a, je dis bien haut : « vue le narcissisme ! » Puisqu'il fait appel au courage, à la volonté, à la persévérance de chaque jour. Qu'importe le but, l'essentiel est la mobilisation des sentiments virils – et il en faut pour être culturisme ! Nous répétons chaque jour nos séries de mouvements pour nous faire un corps, un corps vigoureux et beau à voir. Les étudiants répètent chaque jour leurs leçons pour se faire un esprit... ce qu'on ne critiquer pas au point vue intellectuel, pourquoi le critiquer au point vue physique. Et les beaux esprits qui nous critiquent ne sont-ils pas eux-mêmes tout imbus de leur savoir, de leurs connaissances intellectuelles. Ils sont aussi ridicules, avec leur cerveau hypertrophie dans un corps malingre ou boursoufflé par la graisse de l'inaction, que le bel animal culturiste qui ne sait qu'être cela et qui promène dans la vie ses yeux vides et sa tête qui sonne creux sur un corps d'Apollon.

- Je pense que le jeune adulte moderne « sain de corps et de l'esprit ». Pour employer l'expression consacrée, est persuadée intimement de la nécessité absolue de faire de la culture physique (même s'il ne la pratique pas personnellement pour une quelconque raison – la première, à mon avis, étant la paresse et le goût de la facilité !). Soyons francs, ne sommes-nous pas tous persuadés de cette nécessité ?

4) Raisons précises de la pratique de la culture physique chez l'adulte.

1- Pour l'adulte en général

Pour vous, Pour moi

a) C'est avant tout dans un but hygiénique que l'on va pratiquer cette culture physique afin de conquérir, d'accroitre ou de conserver la force, la santé, la joie de vivre. Malgré l'incompatibilité de plus en plus grande de l'existence actuelle avec une vie hygiénique normale, la culture physique intelligemment pratiqué permettra à l'adulte de lutter, dans la mesure de ses moyens, contre la sédentarité responsable de tant de maux. Elle lui permettra, en développant sa résistance aux maladies et aux processus de vieillissement, de garder son capital-santé jusqu'à un âge avancé. N'est-ce pas là ce dont nous rêvons tous ?

Le culturisme, qui cultive tous les muscles de manière raisonnée et fait travailler chaque articulation, permet à chacun, comme nous l'avons déjà vu, de se dépenser physiquement de la façon à la fois la plus pratique et la plus efficiente.

1- Les chétifs, les malingres, les hypo musclés trouveront ici leur chance pour devenir sains beaux, résistants (après, évidemment, conseils et surveillance médicale autorisé).

2- Les beaux gars déjà équilibrés, harmonieux, garderont et développeront la perfection de leur pratique. Là encore, la surveillance médicale s'impose afin de les freiner pour qu'ils ne fassent pas passer leur beauté avant leur santé.

3- Les dysharmoniques congénitaux (qui sont légion) réussiront par la musculation à développer la partie faible de leur individu.

4- L'adulte sain qui, n'ayant jamais fait de sport ou d'exercices physiques, prend conscience à un moment donné qu'il est temps de se consacrer à lui-même, à son état et à son aspect physique, trouvera ce qu'il cherche dans la pratique de la musculation.

- Je le répète, la musculation peut être entreprise à n'importe quel moment de la vie d'un adulte (à condition, évidemment, que celui soit sain, vigoureux, indemne de tares et d'affections organiques) lorsque cette musculation est abordée de façon prudente, progressive et intelligente. Et ceci n'est-il pas un espoir (qui deviendra vite une certitude !) pour tant d'entre nous qui ont consacré leurs premières années d'adulte à fonder un foyer à s'assurer une situation de plus en plus brillante, et se retrouvent un beau jour prématurément las de tout, éperdus d'avoir laissé filer si vite les plus belles années de leur existence sans trouver le temps de penser à eux-mêmes ?

5- L'ancien sportif, l'ancien athlète qui a abandonné sport ou compétition (âge ou raisons personnelles) trouvera dans le culturisme le moyen simple, pratique de s'entretenir.

b) S'il n'est pas primordial, c'est aussi dans un but esthétique que l'on pratiquera la culture physique de l'adulte.

Pourquoi sourire d'un air légèrement supérieur de celui ou celle qui n'a pas honte de proclamer sa recherche de la beauté physique ? Pourquoi jouer au Tartuffe par un vieux reste démodé de pudibonderie puritaine ? La beauté physique est souvent un don, certes, mais elle peut aussi se conquérir et le travail et les sacrifices qu'exige cette conquête sont valables au même titre que n'importe quel effort personnel dans quelque domaine que ce soit.

- L'esthétique, d'ailleurs, prend une place de plus en plus importante dans l'économie : il n'est que de voir le nombre de personnes qui en vient : esthéticiens, coiffeurs, masseurs maquilleurs, etc. sans parler des chirurgiens esthétiques à qui on a de plus ne plus recours. Les femmes qui travaillent doivent garder un aspect jeune et agréable, surtout lorsqu'elles sont en contact avec le public : les hommes sains, beaux à voir, rayonnants, réussissent mieux, en affaire… et je ne parle même pas de la mode, de se maquiller, de se coiffer savamment, en répugnant à tout effort personnel, je n'hésite pas : je sais que la première saura garder son aspect séduisant comme elle a su le conquérir.

Citons d'ailleurs le …

« La conservation de la forme est surtout fonction de l'appareil musculaire et la persistance de son activité est un moyen, non seulement de garder ou d'améliorer la forme physique chez l'homme mais encore de maintenir son capital-santé.

- La conservation de ces beautés anatomiques naturelles permet à l'homme de rester aussi le bel animal qu'il était primitivement doué de forces physiques à proportion de ses muscles et de ses nerfs, mais supérieur dans la création par le développement intellectuel et l'énergie morale ; à condition qu'il n'a néantise pas ses fonctions cérébrales et musculaires d'activité supérieure par la prédominante du travail digestif et des fonctions de nutrition. »

2) Raisons qu'ont de pratiquer la culture physique.

Les adultes spécialement DOUÉS physiquement

a) Les champions consacrés tireront le plus grand bien de la pratique de la musculation avec charges additionnelles.
   Il faut se souvenir que les meilleures performances sont toujours accomplies par les hommes les mieux entrainés.
- L'entrainement culturiste qui pousse le sujet au maximum de ses possibilités est quotidien et cette préparation intense améliore les champions.
- Naturellement, il va de soi que la musculature, en sport ou en athlétisme, ne remplacera pas la technique (technique du saut à la perche, technique du lancer du disque par exemple).
  Remarquons d'ailleurs en passant que la musculation exige elle aussi une technique d'entrainement : Répétitions, séries, repos, différentes positions, méthodes particulières de « musclage » comme les supersets, le flushing etc. Et la musculation est devenue elle

aussi, désormais, un véritable sport de compétition (concours de lever de poids concours « d'Apollon » pour ceux qui aiment cela).

Evidemment, aux sportifs professionnels et champions d'autres moyens que le culturisme chez soi est offert pour assurer leur entrainement. Ils peuvent disposer de salles aménagés en gymnase avec agrès, soit:

- Fixés à une extrémité et mobiles de l'autre (perches verticales, corde lisse, corde à nœuds, anneaux, trapèze, etc.) se sont alors les fléchisseurs qui travaillent :
- Immobiles (barres parallèles, barres fixes, échelles, chevaux d'arçon, tremplin, etc.) ce sont alors les extenseurs qui travaillent.
- De même, le médecine-ball, la machine à godiller, le punching-ball, la machine à ramer sont des appareils de musculation contre résistance dont ils peuvent disposer.
- Mais il n'en reste pas moins que le culturisme demeure le moyen le plus simple d'assurer au champion son entrainement « hors raison » et bobine, dans son livre « Athlétisme pour tous » (Edition Media Texte), le préconise pour l'entrainement hivernal de l'athlétisme.

b) Les futurs champions sont, ou bien des êtres d'élites que la nature a spécialement doués physiquement pour tel ou tel sport, ou encore les jeunes culturistes qui, après s'être initiés à la musculation, ont pris goût aux exercices sportifs, ont eu la révélation de leurs possibilités et pensent alors se destiner à faire un sport ou de l'athlétisme.

Le culturisme, avec sa gymnastique au tapis, sa culture physique avec poids et haltères, associées à l'hygiène de vie de l'homme qui s'entraine, répond donc ici aux conditions les meilleures de préparation de la musculation de notre futur champion. Les Russes d'ailleurs l'ont fort bien compris. Je cite Jean Dauven dans « Encyclopédie des sports », parlant de l'URSS : L'objectif étant de doter la jeunesse d'une santé florissante, on la dirige avec fermeté vers les exercices qui lui sont salutaires. Quatre sports de base sont exclusivement proposés à sa considération : athlétisme, natation, gymnastique, poids et haltères. Ainsi, on est certain, lorsqu'on autorise un adolescent à se spécialiser, qu'il possède une musculature honorable – ce qui ne serait pas le cas s'il avait passé son enfance à dribbler avec un ballon. Dès lors, il dépend de lui de s'élever à la force du poignet. ».

- Tous les espoirs sont donc permis au jeune qui désire embrasser une carrière sportive à condition qu'il veuille bien se plier à une stricte discipline et à un entrainement musculaire de plus en plus soutenu. Il ne faut pas croire qu'un simple don inné suffise pour réussir les plus hautes performances, s'y maintenir et en éviter les dangers. Lorsque le jeune a choisi le sport pour lequel il est spécialement doué ou attiré, il lui faudra, non seulement pratiquer ce sport, mais aussi se soumettre à un entrainement particulier pour ce sport et, de plus, à un entrainement de base pour toute sa musculature.

- A quoi visera cet entrainement ?

1) Rechercher à développer chez le sujet le type de l'athlète complet.

   Il faudra, pour y arriver, développer à la fois : la vitesse et l'adresse, le fond et la force.

- La vitesse et l'adresse sont des qualités innées, mais qu'il est quand même possible d'améliorer.

a) La vitesse est une qualité cérébrale. On peut dire que certains naissent rapides, comme d'autres naissent lents. Le coureur de 100m par exemple possédait cette qualité être rapide, puis il a amélioré cette qualité par la technique.

- L'entrainement de la recherche de la vitesse se fait « contre la montre », c'est-à-dire qu'une distance donnée est parcourue, puis reparcourue de nouveau, jusqu'à ce qu'elle se passe en un temps minimum. On comprend bien que dans ce genre d'entrainement, c'est le temps qui importe.

b) L'adresse, qualité innée elle aussi, est une qualité articulaire (lancer, équilibre) qui peut être développé au maximum par l'entrainement.

c) Le fond, qu'on peut encore appeler endurance ou résistance, est une qualité à la fois physiologique et psychologique : le sujet soutient son effort, non seulement parce que son organisme ne le trahit pas, mais aussi parce qu'il a la volonté acharnée, profonde, de tenir. Exemple le coureur de marathon. Ne peuvent donc réussir dans les compétitions athlétiques que ceux qui sont capables de fournir un effort personnel intense en faisant appel à leur volonté indomptable. Pour développer cette qualité d'endurance, on a recours à une répétition prolongée de quelques exercices. C'est la durée et la répétition qu'importent plus que la vitesse et l'intensité de l'effort.

d) La force est une qualité musculaire qui se développe par la traction, le lancer du poids, etc. L'entrainement ici est encore autre chose : l'exercice sera moins fréquent, mais s'appliquera à vaincre une résistance progressive toujours plus grande, l'effort sera très intense, mais les répétitions peu nombreuses.

- Le culturisme est le moyen rêvé pour acquérir à la fois le fond et la force et les porter tous deux à leur apogée.
- De toute façon, il est à remarquer qu'il y aura toujours chez un sujet, prédominance d'une de ces quatre qualités : vitesse, adresse fond ou force.
- Le travail de développement de ces quatre qualités constitue l'entrainement de base de tout sport, qu'il ne faut négliger à aucun prix, tout en pratiquant l'exercice ce quotidien du sport choisi en même temps que l'entrainement psychologique – lui aussi facteur important de la pratique d'un sport.

2) L'entrainement visera ensuite à rechercher la spécialisation du sujet dans un sport déterminé, selon ses goûts et ses dispositions naturelles.

- D'autres facteurs entrent aussi en jeu dans ce choix. Les moyens mis à la disposition d'un sujet détermineront souvent le choix de tel sport plutôt que de tel autre : un champion de natation aura choisi son sport parce que, près de chez lui, se trouve une piscine physiologique…, un champion de ski parce qu'il habite une région de haute montagne…, un patineur parce qu'il peut profiter d'une patinoire près de son domicile, etc.
- De même, l'existence dans l'entourage d'un entraineur ou d'un sportif jouissant d'une certaine influence sur le sujet le poussera vers le sport qu'on lui suggère (parfois par désir administratif d'imitation).
- Mais il est évident que cette orientation sportive n'est possible qu'après examen d'un entraineur compétent et examen du médecin sportif (exposé dans mon livre « Musculation par exemple, que peut s'effectuer son orientation.
- Résumé rapide des points essentiels de cet examen d'orientation.
- Il sera basé à la fois sur la biologie, la physiologie et la morphologie.
- Cet examen sera pratiqué en dehors de la période de digestion :

  Mesure à la toise de la taille du sujet, hauteur du segment inférieur ou I, hauteur du segment supérieur ou S. si S = I, on a un médio ligne ; Si S est supérieur à I, on a une brune ligne. Si S est inférieur à I, on a un longiligne.
- Calcul du poids, le sujet étant nu, après qu'il était uriné.
- Mesure du périmètre thoracique xyphoïdien et de l'élasticité thoracique.

- Mesure de la capacité vitale ou spiromètre : le sujet debout, après une expiration forcée, puis souffle en expiration forcée dans le spiromètre.
- On recherche alors le coefficient de Demeny, c'est-à-dire le rapport entre la capacité vitale en centilitres et le poids en kilogrammes. CV/P = coefficient de Demeny.

  Si ce coefficient est égal à 4, le sujet n'est pas apte aux sports.

  S'il est égal à 4 ou inférieur 5,8, il doit pratiquer la culture physique et la gymnastique respiratoire.
- Les athlètes de valeur atteignent un coefficient de 8 et 10.
- Mesure de l'envergure. Elle doit dépasser de 2 à 3 cm la taille du sujet.
- Prise de la tension artérielle avec l'oscillomètre de pochon qui va donner au médecin l'indice oscillométrique.
- Si le sujet possède un grand indice, il est apte aux efforts, est doué d'une grande élasticité circulatoire, il peut donc varier la cadence est le rythme.
- Si le sujet possède un petit indice, il fera ce qu'on appelle « un homme de train » qui doit maintenir son effort sans grandes variations (pas de démarrages rapides ni de reprises brutales en course, par exemple).
- Détermination du type respiratoire auquel appartient le sujet, par l'appréciation au ruban métrique. Il sera classé soit :

  Type respiratoire supérieur : sujet d'élite ;

  Type respiratoire inférieur : le plus fréquent compatible avec un sport intense ;

  Type abdominal : incapable d'un grand rendement, devra faire de la gymnastique respiratoire pour essayer d'atteindre tout au moins, le type respiratoire inférieur.

- En bref, ON orientera vers l'ATHLÉTISME

1) Sujets à segment inférieur prédominant

- Course – seront doués pour la course de 100 m, de 200 m, le 110 m haies, le 400 m des sujets :

  De grande taille, plus qu'1 m 75

  D'un poids de 70 à 72 kg

  Longilignes,

- Possédant un grand indice oscillométrique, une respiratoire thoracique supérieure, un coefficient de Demeny égal ou supérieur à 8.
- Seront doués pour la course 3.000m à 5.000m les mêmes sujets que précédemment, mais plus petits et plus lourds.
- Peuvent arriver, grâce à la technique du marathon, les sujets : petits, longilignes à musculature athlétique, mais : à coefficient de Demeny égal à 6 ou 7, à indice oscillométrique moyen, à respiration thoracique inférieure.
- Saut – seront doués pour le saut en longueur ou le saut à la perche des sujets :
  Grands – 1m75 à 1m80,
  D'un poids de 75 à 80 kg,
  Longilignes,
  De type respiration supérieure.
- Seront doués pour le saut en hauteur : les longilignes accusés, très légers : 70kg.

2) Sujets à segment supérieur prédominant

- Lancer – sera doués pour le lancer (poids disque, marteau, javelot) les sujets de grande taille.
- Décathlon – seront doués pour le décathlon les sujets d'élite de cette catégorie, c'est-à-dire les beaux athlètes morphologiques de type respiratoire thoracique supérieur, à coefficient de Demey égal à 8 à grand indice oscillométrique.

c) En bref, on orientera vers les sports. Cette orientation étant plus difficile ou tout au moins pas aussi nette que pour l'athlétisme.
   1) Les sujets à segment supérieur prédominant à condition que la musculature de ce segment supérieur soit bien développée, seront doués pour : le grimper, la gymnastique, la natation.
   2) Les sujets à musculature générale bien développé possédant : un grand indice oscillométrique, une respiration pour le moins de type thoracique inférieur, des qualités d'endurance et de fond, seront doués pour le football, le hockey (mais celui-ci demande, en plus, de l'adresse des membres supérieurs).
   3) Les sujets de vigueur musculaire générale avec répartition équilibrée de leur force seront doués pour : les levers de poids, l'haltérophilie, le culturisme, la lutte, le catch

l'avion. Signalons que les sujets possédant une musculation globuleuse et à lever court sont avantagés pour l'haltérophilie.

- Retenons donc en résumé qu'il faut, pour pratiquer tous les sports, cœur, poumons et musculature de qualité, et que l'on sera d'autant meilleur dans son sport que l'on possède un grand indice oscillométrique et une respiration du type tout au moins thoracique inférieur, celle de type supérieur donnant des sujet d'élite.
- Que le sujet possédant un indice de Demeny inférieur ou égal à 4 ne se désespère pas pour autant ! cet indice représentant, nous l'avons vu le rapport capacité vitale / poids qu'il commence d'abord par perdre du poids. Puis il essaiera par la gymnastique respiratoire et générale d'augmenter sa capacité respiratoire jusqu'à ce qu'elle devienne plus élevée et de transformer sa respiration de type abdominal en respiration de type thoracique inférieur tout au moins.

  Il n'est donc pas livré à l'inaction sans remède malgré la pauvreté de ces dons physiques. Pour lui aussi, la pratique de la culture physique est un véritable message d'espoir. Il ne sera pas champion du stade ? Qu'importe, puisqu'il sera champion de lui-même... ce qui représente autant de valeur humaine. Et c'est ici, voyez-vous, qu'on peut dire plaisamment qu'il existe une sorte de philosophie culturiste.

4) Etude de l'entrainement avec charges additionnelles appelé encore musculation.

   1- Historique

      C'est une constatation assez amusante qu'une personne étrangère aux méthodes modernes de musculation, pénétrant pour la première fois dans une salle équipée, éprouve un étonnement vaguement effrayé, comme si elle ouvrait la porte d'une chambre de torture ! C'est tout juste si elle ne considère pas les culturistes en train de s'exercer comme de dangereux maniaques et leurs innocents instruments de travail comme autant d'inventions démoniaques sorties de leurs cerveaux masochistes ! Et pourtant, croyez-moi, la culture physique moderne n'a rien inventé, elle n'a fait que remettre en honneur, en codifiant leur emploi, des procédés bien anciens :

- Dans l'antiquité grecque, les athlètes déjà se sevraient d'haltères. Ceux-ci étaient de matériaux divers et de formes variées (la forme ellipsoïdale était la plus employée). Certains haltères étaient percés de trous, d'autres étaient munis de courroies qui permettraient une prise plus facile ; ils pouvaient être chargés avec du plomb en quantité variable et ils étaient utilisés de manière progressive.

- Dans la Rome Antique, Antyllus recommandait le ... punching-ball (1) rempli de céréales lorsqu'il était destiné à des bras faibles et de sable pour les bras plus forts. Caeluis Aureléanus emploie les poulies et les poids en kinésithérapie, fait chausser des semelles de plomb d'une livre, conseille pour le traitement de l'arthrite, outre le massage, d'employer des haltères et des poids de plus en plus lourds.

Au XVIII siècle, Hofman classe les mouvements « fonctionnels » des ouvriers et des fermiers (faucher le blé, couper le bois, travaux agricoles divers...) ; ceux-ci furent repris ensuite par le Dr... dans sa « gymnastique fondamentale » au bâton ou à la barre de fer...

Au XIX siècle, ling, le premier, parle de résistances qu'il place sur le levier osseux, dans la direction du mouvement. Ces résistances sont fournies soit par le sujet lui-même, soit par le professeur. Zander, lui, remplacera les résistances personnelles des sujets par celles apportées par différentes machines. Amaros pour faire pratiquer la gymnastique aux militaires, emploie beaucoup d'appareils.

Trait utilisé les haltères, les barres à sphère les appareils à triage (poulie thérapie actuelle). Lagrange répondra aux détracteurs, dans sa communication sur « la médication par les exercices », en montrant que la limite de dosage maximum dans l'exercice est la fatigue. « Par l'exécution quotidienne d'un exercice, nous voyons chaque jour reculer la limite de la fatigue parce que la capacité fonctionnelle de l'organe exercé augmente chaque jour. »

Au XXe siècle, Desbonnet et Rouet introduisent la notion de culture physique plastique par la pratique de la gymnastique avec poids et haltères.

Thomas de Lorme, haltérophilie amateur, introduit en kinésithérapie les exercices employant des résistances progressives.

Les Américains et les écoles culturistes modernes créent les méthodes nouvelles de musculation avec charges additionnelles, consacrées maintenant par... comme méthodes d'athlétisation.

2- Description de la Méthode

a) Résistance Employées

Exerciseur a brins de caoutchouc, exerciseur à contrepoids ou appareils à triage. Poids, haltères à chargement progressif (Type Pelga). Barres de fer qu'on peut charger de disques toujours de façon progressive. Cadre-guide, Presse verticale, etc. semelles de plomb.

b) Mode de travail

En dehors des divers exercices employés d'autres facteurs de modalité sont extrêmement importants dans la pratique de la musculation. Ce sont les séries, les répétitions (toutes deux plus ou moins nombreuses suivant les cas et le but désiré), la place et la durée des intervalles de repos, la respiration au cours de l'entrainement, la fréquence et la durée des séances de musculation, le moment de la journée ou celles-ci doivent se pratiquer selon les sujets et leurs possibilités.

- On appelle série un certain nombre de répétitions d'un mouvement.

  Exemples :

  Pour développer la force – Après, évidemment, s'être entrainé progressivement, on utilise un poids égal à 60% du poids maximum qu'on arrive à développer en une fois (ce poids maximum qu'on n'arrive à développer qu'une fois comme dans le mouvement de l'haltérophile constitue le test de force). En général, lorsqu'on emploie un poids lourd, on fait peu de répétitions et peu de séries : 5 à 6 séries de 6 répétitions environ. Ceci constitue l'entrainement en vue de la forme athlétique pure.

Pour développer le volume. – On emploie un poids égal à 40 à 50% du poids maximum qu'on arrive à développer, mais on exécute 15 répétitions et 3 à 5 séries de ces 15 répétitions. Ceci constitue l'entrainement spécifique pour la sculpture musculaire. En même temps que la force et le volume, plus on fait de séries et de répétitions avec le poids donné, plus on développe l'endurance.

L'entrainement léger. Le nombre de répétitions est ici supérieur à 15. C'est l'entrainement spécifique du délie et du modelé musculaire, à employer chez les sujets de plus de cinquante ans et ceux de moins de dix-huit ans.

- Le repos.- Entre chaque série du groupe musculaire qui vient de travailler, il faut un intervalle de repos de 1 à 2 minutes. Plus il y a de muscles sollicités, plus vite viennent l'essoufflement et l'accélération du cœur, donc plus le repos devient nécessaire. Lorsque le travail est exécuté par les jambes (squats en particulier), celles-ci représentant à elles seules les deux tiers des muscles du corps, il va donc de soi que l'essoufflement et l'accélération du cœur seront plus importants et se produiront plus vite et que, par conséquent, il faudra séparer chaque série par un intervalle de repos plus long (de 2 à 3 minutes).

- La respiration – L'expiration doit avoir lieu pendant l'effort pour éviter le blocage thoracique. Remarquons que, dans cette gymnastique de force, l'important n'est pas de faire entrer l'air dans l'organisme (celui-ci se débrouillera toujours pour ne pas en manquer !), c'est de faire sortir des poumons l'air vicié, chargé en gaz carbonique. Cette expiration se fera d'autant plus facilement qu'elle s'effectuera par la bouche.
- Fréquence et durée des séances – Le minimum est deux séances par semaine, mais le mieux, évidemment, dans la mesure du possible, est l'entrainement quotidien, 6 jours sur 7, à condition de travailler le train inférieur un jour et le train supérieur le lendemain.

Si on ne peut travailler que tous les deux jours, on entrainera le corps entier au cours de la séance.

En athlétisme, cet entrainement se pratiquera surtout en hivers, en dehors des compétitions. Pour le sportif, il se fera hors saison, c'est-à-dire en dehors de la période des matches.

Pour les culturistes, les haltérophiles, pour chacun d'entre nous désireux d'entretenir sa forme, cet entraiment peut se faire tous les jours ou tous les deux jours, durant tout le courant de l'année avec, évidemment, la coupure (d'ailleurs bénéfique) des week-ends plus ou moins prolongés et des vacances.

La durée de la séance est variable suivant l'individu et sa condition athlétique. C'est à l'entraineur ou à chacun de nous de personnaliser l'entrainement suivant la résistance, le temps à consacrer, le but recherché… et le courage individuel. Le culturiste qui s'entraine pour son concours d'Apollon, l'haltérophile pour sa compétition, par exemple, y consacreront une à deux heures par jour, quelques fois plus, suivant la résistance de l'individu. Il n'en est pas de même pour le sportif et l'athlète. Pour l'amateur qui ne pratique la musculation que dans un but hygiénique ou plastique, un entrainement d'une demi-heure à trois quarts d'heure tous les jours suffit (un peu plus long s'il le désire). De toute façon, il ne faut jamais pousser jusqu'au surentrainement, au surmenage. La fatigue ressentie doit être la sonnette d'alarme.

- Le moment de la journée – Ceci dépend d'abord, évidemment, du tempérament de l'individu : il est des gens matinaux, d'autres qui ne sont en forme que le soir. Et, surtout, le moment choisi l'entrainement dépend des occupations où se pratique cet entrainement (chez soi ou en salle). N'importe quel moment est le bon, pourvu qu'il vous convienne… Toutefois, attendez 2 à 3 heures après la digestion pour faire votre entrainement et attendez une heure après l'entrainement pour aller vous coucher ou pour prendre un repas important.
- Un petit mot quant au lieu choisi pour l'entrainement : le plein air serait l'idéal, idéal rarement atteint malheureusement. Il faut, en compensation, laisser entrer à flots l'air et, si possible, le soleil dans le local où se fait l'entrainement. Celui-ci sera propre, net, d'ambiance agréable (est-il besoin de le préciser ?).

Ceux qui aiment le stimulant de la compagnie ont tout intérêt à fréquenter une salle, c'est là qu'ils travailleront le mieux. Les partisans de l'effort solitaire tireront le plus grand bénéfice d'un local personnel, qu'ils aménageront progressivement.

Je n'ai donné ici qu'un bref aperçu sur la manière de pratiquer la musculation afin d'en obtenir le maximum de rendement. Plus de détails sont donnés dans mon livre « Musculation par le Culturisme » ou dans un livre de Bobin « Athlétisme pour tous » (tous deux aux Editions Amphora).

c) Schéma de l'entrainement chez l'adulte

1) Mise en train

Par exercices à mains libres (pectoraux, dorsaux, deltoïdes). Se reporter au chapitre : « gymnastique de la période pubertaire ».

- Debout, bras horizontaux parallèles au sol, écartement des bras (A), 20 répétitions.
- Debout, bras verticaux, abaissement des bras (B), 20 répétitions.
- Dos horizontal, tête regardant le nez dans le miroir, bras verticaux qui tombent, les écarter à l'horizontale, 20 répétitions.

- Tourner bras, 20 répétitions

Prise de conscience de l'altitude correcte debout et couché. Les attitudes seront surveillées durant la plupart des exercices.

2) Mouvements respiratoires

Se reporter au chapitre « gymnastique respiratoire de l'âge pré pubertaire ».

Remarquons que les exercices de musculation, surtout du train inférieur, entrainant des effets généraux (accélération et augmentation de l'amplitude respiratoire et accélération du cœur). On peut donc dire que tout exercice poussé jusqu'à ce stade développera la respiration et aura eu ainsi son plein effet hygiénique.

3) Développement des muscles abdominaux

A- Grands droits

1- Couché sur le dos, mains derrière la tête, lever les jambes tendues verticalement et les abaisser. Eviter de creuser les reins, le dos doit plaquer au tapis, les jambes restant raides et le départ du mouvement se fait à partir de 30 centimètres du sol, 15-20 répétitions, repos et recommencer trois séries.
2- Abdominaux portions supérieure, assis, mais aux hanches, jambes fléchies, pencher en arrière et revenir en avant, ne pas bouger les jambes, ni soulever les talons. Au début, possibilité de mettre pieds sous armoire. 20 répétitions
3- Couché, amener genoux sur poitrine, tête levée en expirant, étendre les jambes ensuite lentement près du sol. Ne pas poser la tête et ne pas creuser les reins. 20 répétitions.
4- En course interne, à plat dos, propulser bras en avant avec le buste tout en regroupant les genoux sur poitrine, 20 répétitions.

Tous les autres mouvements abdominaux sont valables, mais les quatre précités sont correctifs en course interne. On peut, pour varier l'entrainement, pratiquer également des abdominaux à l'espalier et sur banquette suédoise.

B- Transverses

Dans la journée, marcher en pensant à rentrer le ventre (une ficelle à la taille, serrée, rappelle le ventre qui se relâche). Font maigrir localement, par une sur transpiration, les sous-vêtements en cellupan.

En « expiration forcée », gonfler la poitrine et rentrer le ventre au maximum sans inspirer.

Etant en « inspiration forcée », expirer lentement par la seule rétraction du ventre sans que bougent les côtes.

C- Obliques
Flexions latérales
Torsions du tronc

1- Assis au sol, jambes tendues et écartées, tronc incliné en arrière à 450, mains sur la tête, les pieds tenus par un aide.

Mouvement de torsion à droite et à gauche, de façon que chaque coude touche alternativement le sol ou le genou.

2- Coucher sur le dos, bras en croix, membres inférieurs à la verticale.
Torsion bassin à droite et à gauche en retenant la chute des membres inférieurs.
3- Assis au sol, jambes très écartées pour bien fixer le bassin, le corps droit.

Mouvement de torsion du tronc à droite et à gauche, bras horizontaux ou derrière la tête.

4- Développement des muscles de la ceinture scapulaire ou gymnastique de fixation des omoplates.

Surtout pour omoplates décollées, écartées et cyphose dorsale (dos rond).

1.- P.D. : debout, mains aux clavicules, bras horizontaux, coudes dans un plan frontal.

M. : porter coudes en arrière avec ou sans l'opposition d'un aide.

2.- P.D. : à plat ventre, bras en croix, paumes dessous.

M. : élévation des bras avec rotation externe.

3.- P.D. : coucher sur le dos, bras en croix, avant-bras verticaux (en chandelier)

M. : décoller la partie supérieure du dos au niveau des omoplates en prenant appui sur les coudes.

5- Travail à l'exerciseur

Force super-hercule (prix : 19 fr. environ). Se reporter à la notice jointe à l'appareil.

5- Travail aux haltères

Choisir de préférence les haltères Pelga, un peu plus chers au départ, mais qui présentent l'intérêt de pouvoir se charger ou décharger à volonté, ce qui évite l'achat d'une suite d'haltères et limite l'encombrement. Prendre des Pelga de « 1 à 5 kg », puis de « 5 à 10 kg ». Là aussi, travailler selon les indications de la notice jointe aux haltères.

Tout ce travail qui précède a permis au néophyte d'aborder déjà la Musculation.

6- Travail avec charges additionnelles

Ce travail va s'adresser au plus grand nombre possible de muscles. Certains exercices semblent ne s'adresser qu'à un groupe musculaire déterminé, alors en réalité d'autres muscles y participeront.

Voici ces mouvements conseillés, casses selon le groupe musculaire le plus important qui est sollicité.

Flexion concentrée d'un bras, assis sur tabouret, haltère saisi en supination d'une main, en prenant appui sur face interne de cuisine, flexion avant-bras sur bras, séries alternatives à droite et à gauche.

Avec barre. – Débout, mains en pronation, flexion des avant-bras sur bras.

b) Triceps

- Avec haltères, alternativement ou simultanément –

Bras et buste horizontaux, courber avant-bras dans prolongement du bras à fond.

CULTURE PHYSIQUE

Haltère tenu à deux mains au-dessus de la tête, l'abaisser derrière la nuque le plus bas possible en expirant et le ramener au-dessus de la tête en inspirant.

- Avec barre ou haltères.- Allongé sur banc, paumes en dessous, étendre avant-bras sur bras.

MUSCULATION DES PECTORAUX

- Avec haltères, débout, alternativement ou simultanément.- Bras devant le corps alternativement haut et bas.
- Même exercice avec barre.
- Allongé sur le dos (crucifix)
  Crucifix sur banc ou sur plan favorable à l'expansion.
  Couché sur le banc dorsal, bras demi-fléchis au-dessus de la poitrine, les écarter latéralement en inspirant, puis les ramener demi-fléchis en expirant.

CULTURE PHYSIQUE

- Développé couché avec haltère ou barre.- Développer la barre : développé couché, souffler en poussant.
- Pull-over avec la barre ou un lourd haltère, ou une barre demi-longue chargée au centre.- A plat dos, jambes fléchies sur bassin, pieds reposant sur le banc (pour obtenir le 0relâchement maximum des grands droits et libérer le thorax), bras perpendiculaires au sol, une barre courte chargée au milieu (environ 30 kg), tenue mains en pronation, laisser descendre la barre derrière la tête en inspirant fortement et en pliant les bras, remonter la barre en tendant les bras, ne souffler qu'en fin de mouvement lorsque les bras sont revenus à leur position de départ, c'est-à-dire perpendiculaires à l'axe du corps.

MUSCULATION DES SCAPULAIRES

(deltoïdes et trapèzes _.

- Avec haltère.- Couché, bras horizontal, puis vertical

Debout, jambes légèrement écartées, corps penché en avant, dos plat, bras pendant, élévation des deux bras tendus à l'horizontale dans le prolongement des épaules, ou même exercice, mais dos droit, lever les bras à hauteur des épaules.

Couché sur le côté sur bench, haltère lourd tenu au-dessus de la cuisse.- Elever le bras tendu à la verticale dans le prolongement des épaules. On peut encore, pour varier, l'haltère tenu devant le 0corps, lever le bras tendu d'avant en arrière, lentement, sans rouler le corps.

Avec barre.- Debout la barre tenue à deux mains en son milieu, élever la barre sous le menton, les coudes hauts levés.

Cet exercice peut se faire en fléchissant les jambes au départ, la barre devant le corps. On emploie alors un poids plus lourd.

C'est la première phase de l'arraché à deux mains (prise plus large sur la barre).

Cet exercice doit être fait en tenant le dos bien droit en position correcte. Peut encore être fait assis.

Un jeu de deux glaces permet de surveiller le dos et la poitrine en travaillant, si on est culturiste isolé.

AGE ADULTE

- Développé debout.- Développé de la barre derrière la nuque, développés debout.

MUSCULATION DES DORSAUX

- Avec haltères ou barre de préférence (rowing) – Le buste penché en avant, en équerre avec les jambes, amener la barre sur la poitrine.

CULTURE PHYSIQUE

Couché sur bench training sur le ventre, barre sous la planche tenue en pronation ou supination, soulever la barre le plus haut possible.

Musculation du train inférieur

1) MUSCULATION DES LOMBAIRES

Debout, lever sans élan barre très lourde reposant sur des cubes.

AGE ADULTE

Debout, sur un socle, jambes demi-flèches, descendre la barre le plus bas possible et se redresser.

MUSCULATION DES JAMBES

a) Avec semelles de plomb ou de fonte 9oui lourdes boitines), mains aux hanches ou se tenant à un point fixe (barre ou chaise par exemple).
   Lever le genou le plus haut possible (A).
   Fléchir la jambe sur la cuisse (B),
   Porter la jambe en abduction (C).
   .Faire des circumductions de la jambe.

CULTURE PHYSIQUE

Faire balancer la jambe tenue bien droite d'avant en arrière.

Ces exercices peuvent aussi être exécutés allongé sur le sol, sur un côté, puis sur l'autre.

b) Avec barres.
   Squats,
   Barre sur la nuque sans lever les talons, Fléchir les jambes au maximum. Maximum poids pour 12 répétitions. Souffler en fléchissant, inspirer en remontant.

   Debout, barre tenue devant le corps, élévations sur pointe des pieds (travail des mollets). La barre peut encore être tenue sur la nuque.

AGE ADULTE

Assis, la pointe des pieds reposant sur un socle, la barre sur les cuisses, élévation sur pointe des pieds, en levant les talons.

MUSCULATION DES ABDOMINAUX

Elle a déjà été décrite au paragraphe 3 de ce chapitre : « schéma de l'entrainement chez l'adulte».

Tout ceci représente déjà un entrainement très complet qui convient au culturiste désirant s'astreindre à un gros entrainement assidu.

CULTURE PHYSIQUE

Le nombre de répétitions et de série est variable suivant le but recherché.

Mais, pour ceux qui désirent une culture physique simplement hygiénique ou d'entretien, il suffit de choisir un ou deux mouvements de chaque groupe (il est bon alors de varier de temps en temps le mouvement choisi).

Remarquons en passant que la plupart des exercices culturistes demandent, pour être exécutés, une prise de position fixe, statique qui fait travailler les muscles profonds de posture. On voit donc que les musculations – au même titre que les muscles superficiels cinétiques – et que, par conséquent, la musculation constitue, en soi, une gymnastique de renforcement de la bonne attitude.

C- Trois mouvements fondamentaux de l'haltérophilie

Le Culturiste bien entrainé, et même si possible à chaque séance, a intérêt à pratiquer ces trois mouvements.

1) Arraché à deux bras
   Enlever directement, en un seul temps, la barre de terre au bout des bras tendus verticalement, les mains au-dessus de la tête, la barre passant horizontalement le long du corps. On ne doit retourner les poignets que lorsque la barre a légèrement dépassé la tête, sinon l'exercice se transforme en développé.
2) Jeté à deux bras ou épaulé et jeté
   Enlever directement la barre de terre à l'épaulement, c'est – à – dire à hauteur des épaules, sans stationnement intermédiaire pour rétablir les poignets (premier temps) et jeter la barre au-dessus de la tête en se fendant à volonté (deuxième temps) ;
   Se relever ensuite, les jambes tendues, les pieds écartés, le corps droit, les bras allongés verticalement au-dessus de la tête. Garder la position 5 secondes.

3) Développé à deux bras

   Exécuter d'abord l'épaulement direct ou à la suspension (1) tel qu'il a été décrit au premier temps précédent (premier temps).

   (1) Dans l'épaulement à la suspension, la barre, au lieu de reposer à terre, est suspendue à bout de bras à peu près à hauteur des genoux pour marquer la position d'épaulement pendant une seconde, puis développer les bras lentement, sans aucun départ en souplesse, jusqu'à ce que les bras soient tendus verticalement.

3- CONTROLE MEDICO-SPORTIF DURANT LA MUSCULATION AVEC CHARGES ADDITIONNELLES.

Cette méthode de musculation demande une sérieuse surveillance médico-sportive, non seulement avant de l'entreprendre pour être sûr qu'elle peut se faire sans danger, mais aussi pendant la durée de l'entrainement.

Ce contrôle doit toucher, non seulement les salles de culture physique athlétique, mais aussi le culturiste isolé qui s'entraine chez lui seul ou avec des copains.

On ne doit jamais perdre de vue cette idée maitresse : que l'on recherche soit la puissance, soit la beauté par des exercices localisés, répétés et scientifiquement travaillés, il faut toujours faire passer la santé avant cette recherche : c'est le sport qui doit être au service de l'homme et non pas l'homme au service du sport.

Le problème de cette surveillance se pose moins quand le sportif est un sportif professionnel, membre d'un Club. Il doit alors subir obligatoirement le contrôle médical pour pouvoir se présenter aux compétitions (licence, classement, surclassement éventuel). De même, la femme qui veut pratiquer, soit un sport, soit l'athlétisme dans une société organisée, n'est acceptée qu'après contrôle médical et continue à subir régulièrement celui-ci.

Le sujet désirant s'entrainer grâce à la méthode moderne de Musculation doit donc, avant d'entreprendre cet entrainement, demander à son médecin un bilan médical complet. C'est alors seulement qu'il pourra commencer son entrainement.

Dans la mesure du possible, qu'il s'adresse pour cet examen à un médecin spécialisé de médecine sportive puisque c'est dans ce sens précis que doit être fait l'examen. Le médecin sportif est non seulement au courant des dernières études faites dans le domaine des diverses disciplines sportives, mais il a aussi présents à l'esprit les problèmes médicaux particuliers qui se posent durant cet entrainement spécial.

Lui seul peut permettre au culturisme de ne pas devenir une arme à double tranchant par se connaissance des données spéciales de «médecine de l'effort».

Dans un premier essai : «Musculation par le Culturisme» j'ai exposé ces problème – sans d'ailleurs les résoudre tous. La seule chose que j'ai pu démontrer dans ce témoignage de foi dans la musculation moderne, c'est le bien-fondé de cette méthode dont je suis toujours persuadé, mais aussi la nécessité d'en user avec discernement, sous la direction d'un maitre compétent et sous contrôle médical fréquent. Pratiquant moi-même cette méthode à l'âge de 35 ans (âge limite habituel pour les compétitions), et ceci depuis cinq ans environ, je continue à consigner mes observations, tout en me tenant constamment au courant des derniers travaux de médecine sportive, extrêmement importants ces dernières années, sous la direction du Professeur Chailley-Bert (1).

CULTURE PHYSIQUE

Seule une observation médicale régulière peut apaiser l'angoisse que tout être intelligent ressent en se lançant dans une discipline encore neuve, mal connue, parfois décriée et encore très mal codifiée. Elle seule peut faire le point de l'état physique du sujet, lui donner confiance, calmer son inquiétude, exalter les bienfaits de la méthode ou, au contraire, tempérer son courage, lorsqu'elle dépiste la fatigue ou le surmenage.

Je n'entrerai pas ici dans le détail de cet examen médical. Je consigne simplement les points principaux de la fiche médicale qui sera établie :

- Epreuve de perméabilité naésale,
- Analyse sommaire des urines.
- Mensurations,
- Dynamométrie ou épreuves-test de levers de poids pour avoir une idée de la force des différents segments des membres du sujet.
- EPREUVES PRINCIPALES :

1- Pour apprécier la valeur fonctionnelle du cœur

Epreuve de Pachon-Martinet

On prend le nombre de pulsations à la minute et au repos sur le sujet assis et au calme depuis deux minutes au moins.

On fait exécuter 20 flexions profondes sur les membres inférieurs au rythme d'une flexion toutes les deux secondes.

On prend le pouls de minute en minute.

Tout retour au calme excédant 3 minutes doit provoquer un examen cardio-vasculaire plus approfondi.

. Epreuve de Lian

Epreuve du pas de gymnastique sur place (1 minute). Chez le sujet sain, le cœur atteint au plus 120 pulsations à la fin de l'exercice et redevient normal au bout de 2 à 3 minutes.

Les résultats est mauvais si le cœur atteint 160 pulsations ou s'il ne redevient normal qu'au bout de 6 minutes. Les résultats d'intermédiaires demandent beaucoup de prudence et un entraînement progressif bien surveillé.

Test de Flack (ou test de 40mm de mercure) ou encore endurance-test

On se sert d'un appareil appelé spirosphygmomanomètre. Cet appareil donne la tension artérielle ; l'indice de Flack est la capacité respiratoire (éventuellement, il permet de mesurer la pression pulmonaire à l'inspiration et à l'expiration et aussi la perméabilité nasale).

Pour rechercher cet indice de Flanck, on demande au sujet de faire une inspiration aussi profonde que possible et de souffler dans l'appareil en maintenant aussi longtemps qu'il le pourra la colonne de mercure au trait bleu correspondant à 40 mm de mercure.

On note le temps pendant lequel le sujet maintient ladite pression, c'est-à-dire la période d'apnée. Une durée inférieur à 40 secondes n'est pas satisfaisante (la Royale Air Force exige un minimum de 50 secondes). La durée moyenne est de 45 à 60 secondes, mais un athlète entraîné dépasse souvent ce chiffre.

2. Pour rechercher l'aptitude aux exercices physiques et la résistance à la fatigue (indices de robusticité).

Indice de Ruffier : I= R-E

R : est la différence entre le périmètre thoracique pris à l'inspiration (au niveau des mamelons chez l'homme, à la naissance des seins chez les femme) et le périmètre pris en expiration au niveau où il est plus grand.

E : est l'écart entre le poids en kg et la taille exprimée par le nombre de centimètre au-dessus du mètre, quel que soit le sens de cet écart.

Valeur de l'indice : Au-dessous de 10 : médiocre

10 à 15 : bon

15 à 20 : très bon

Plus de 20 : exceptionnel

(Georges Carpentier, par exemple, avait 20 quand le Dr Ruffier calcula son indice).

Coefficient de Demény

Voir chapitre « Résumé rapide des points essentiels de cet examen d'orientation ». p. 73 de ce livre.

Indice de Pignet : I = (P + Th) – T

P : Poids en kg

Th : périmètre thoracique xyphoïde pris en inspiration exprimé en cm.

T : taille en cm

Valeur de l'indice (jusqu'à 30 ans) : au-dessus de 10 : surcharge graisseuse,

De + 10 à – 10 : constitution vigoureuse,

De – 11 à – 20 : constitution assez forte,

De – 21 à – 30 : constitution moyene,

De – 31 à – 35 et au-delà : constitution médiocre ou mauvaise,

En généra, comment se présente un sportif en bonne condition physique ?

Sa tension artérielle est légèrement au-dessous de la normale, son cœur est augmenté de volume (ce qui, au repos, détermine un ralentissement du pouls). Son poids est constant, son caractère égal. Il fait de l'exercice avec plaisir et sans fatigue.

COMMENT SE PRESENTE UN SPORTIF FATIGUE ?

Fatigue musculaire :

Le sujet souffre de courbatures de crampes. A l'examen, on constate de l'hypertonie musculaire : tous les muscles sont contractés.

Cette fatigue musculaire est d'autant plus ressentie par l'organisme que plus nombreux groupes musculaires ont été sollicités (c'est le cas de l'entraînement avec charges additionnelles qui s'adresse à un grand nombre de muscles).

En effet, les toxines de fatigue et les désordres électrolytiques produits au niveau des différents muscles sollicités vont additionner leurs effets. Le foie, les reins, les surrénales, l'appareil cardio-respiratoire vont essayer de neutraliser ces désordres et se fatigueront donc de plus à la tâche.

Toutefois, il ne faut pas confondre cette fatigue musculaire profonde, pathologique, indice de l'atteinte du bon état général avec la fatigue musculaire normale que peuvent, dans certains cas, ressentir les sportifs et qui cède au bout de quelques jours. Par exemple, lorsqu'on recommence l'entraînement (après l'arrêt des vacances ou maladie, etc.), lorsqu'on entreprend de travailler un nouveau mouvement, lorsqu'on s'est livré à un sport ou travail manuel inhabituel, il est absolument normal et logique de ressentir des courbatures. Loin de s'affoler et d'arrêter son entraînement (je parle surtout aux néophytes), il faut, au contraire, s'y remettre dès le lendemain (en s'aidant au besoin de frictions énergiques avec pommades genre algipan, sédarthryl, etc..) et ceci même si on arrive pas à faire le mouvement à fond et malgré la douleur (qui d'ailleurs s'estompe alors très vite, plus vite, plus vite peut-être que par le repos complet..)

Fatigue nerveuse :

On assiste à une modification du caractère du sujet : irritabilité, insomnie. Le lever du matin est pénible et asthénique, le geste est moins précis et on constate une moins bonne coordination des mouvements.

Fatigue respiratoire :

Teste de fatigue : rythme très accéléré, amplitude respiratoire diminuée, retour au calme lent totalement différent du teste d'entraînement : rythme accéléré, amplitude respiratoire augmentée, retour au calme rapide.

Fatigue circulatoire :

Test de fatigue : rythme très accéléré retour au calme lent également différent du test d'entraînement : rythme accéléré, amplitude cardiaque augmentée, retour au calme rapide.

En résumé, le sportif fatigué présente : un e accélération du pouls avec tachycardie (accélération à l'effort) persistante.

Une baisse de tension artérielle, une variation de poids (amaigrissement) et une perte de l'appétit, des modification s de l'aspect des urines (urines chargées, fortes en couleur, déposant au repos).

En résumé, plu s encore qu'un autre individu, le sportif a besoin d'un contrôle médical fréquent et aussi d'un contact fréquent avec son médecin, qu'il essaiera, si possible, de choisir spécialisé dans les questions sportives. Ce médecin sportif, indépendamment de ses connaissances scientifiques en médecine générale et dans cette spéciale de la médecine, sait, lui, ce qu'est l'ENTRAINEMENT, avec tous les sacrifices et les problèmes que cela pose...

Il comprendra les appréhensions, les complexes, les soucis particuliers au sportif et il saura les éliminer rapidement au cours de conversations amicales, dans le secret médical.

Exercice Physique de l'âge mur et de la vieillesse.

Il devient très difficile actuellement de déterminer exactement le moment où l'homme n'est plus ce que l'on peut appeler un homme jeune, l'âge mûr, la vieillesse, et de tracer de façon précise les limites entre ces différents âges.

Le temps n'est plus heureusement où l'emploi de la terminaison « génaire » sonnait le glas de la jeunesse de corps et d'esprit (l'étiquette « quadragénaire » classait l'homme dès 40 ans, dans la catégorie « croulants » - excusez l'expression).

Et la femme, quant à elle, devenait une douairière dès la trentaine (il suffit de lire Balzac... !).

Ces classements sont à la fois démodés et faux. Socialement parlant, le fait que l'Etat n'accorde la retraite qu'à 60 ou 65 ans prouve bien que l'homme est encore, jusqu'à cet âge, considère commme apte à travailler et à remplir ses devoirs sociaux, tout comme durant ses « vertes années ». les progrès de la médecine et de l'hygiène ont reculé et reculent toujours jusqu'à l'extrême le moment où on devient « vieux ». De plus, le vieillissement est, lui-même, un facteur très personnel. Il est de jeunes vieillards usés prématurément par la maladie ou une détestable hygiène de vie. Il est surtout, heureusement (et les exemples ne manques pas en littérature ou autour de nous), des hommes et des femmes « âgés », mais que nous rougirions d'appeler vieillard, tant ils débordent de vitalité et de joie de vivre.

Dans ce point particulier que nous envisageons ici et qui est l'exercice physique de « l'âge avancé » (sans détermination précise de cet âge, comme nous venons de le voir), on comprend donc que c'est l'examen médical (encore et toujours lui, et même surtout lui !) qui va déterminer les possibilités offertes à l'individu de cet âge de se livrer aux exercices physiques.

Encore faudra-t-il, en plus, distinguer trois catégories d'individus :

1) Le sujet qui a toujours eu un entraînement sportif régulier ;
2) Celui qui a abandonné tout exercice physique depuis longtemps et qui, s'apercevant avec angoisse qu'il vieillit, désire reprendre son ancienne activité musculaire :
3) Enfin celui qui a toujours négligé l'exercice physique et qui espère, désespérément, retrouver sa jeunesse physique grâce à lui.

Avant même d'entreprendre l'étude de l'exercice physique de cet âge, il nous faut nous attacher à détruire l'erreur si répandue dans le public que l'exercice physique est nuisible, passée la jeunesse : il faut être persuadé que l'exercice physique n'est jamais un mal, mais au contraire un bien dont l'âge mûr, autant qu'un autre, n'a pas à se priver. Envions et admirons ceux ou celles qui se sont astreints toute leur vie à un exercice régulier qu'ils pourront, pour leur plus grand bénéfice, poursuivre jusqu'á un âge avancé.

Il est courant de croire que les performances physiques de l'homme diminuent dès la trentaine et même avant ; ceci est vrai pour le sédentaire qui a laissé péricíliter son capital santé et force et qui voit celui-ci fondre de jour en jour, exactement comme le ferait une fortune mal gérée et dilapidée. Aux Jeux Olympique d'Helzinki, en 1952, le Finlandais Savolaienen à 45 ans et l'Allemand Schwarzman à 42 ans ont obtenu la quatrième et la deuxième place aux épreuves de gymnastique artistique. Je cite la publication :Sports of the World » : Il est possible de se livrer à une activité physique soutenue pendant presque toute son existence… même des performances de niveau élevé peuvent être réalisées dans la cinquantaine et la soixantaine… la natation convient fort bien aux vieilles personnes, il en va de même pour la gymnastique aux engins, pour l'aviron et le lever de poids. »

Nécessité de l'exercice après cinquante ans

a) Le but le plus important est la conservation de la force musculaire, de la souplesse, de l'agilité par le travail musculaire analytique. Ce n'est que par l'entrainement régulier que peuvent être conservées ces trois qualités ; la rigidité musculaire et articulaire et leur cortège d'impossibilités et même d'impotences sont la terreur de ceux qui vieillissent.
b) L'exercice permettra aussi de lutter contre les conséquences désastreuses de la sédentarité qui, si elles ne sont pas parfois encore installées – dans le cas de sujets vigoureux, à hérédité saine -, ne tardent pas à commettre leurs méfaits dans un avenir plus ou moins proche.
   La vie civilisée entraîne l'installation de maladies générales, de diathèses. L'obésité, la goutte, le rhumatisme chronique, l'artériosclérose (pour citer les plus importantes) sont la rançon d'une vie où la mauvaise hygiène, le manque d'exercice, une nourriture trop riche ont pris le pas sur les règles de vie saine et naturelle. Et la diathèse une fois installée, hélas ! est bien difficile à désarmer, d'autant plus qu'elle se transmet par hérédité et que les prédispositions héréditaires sont beaucoup plus difficiles à combattre que celles simplement acquises (hérédité goutteuse, rhumatismale, etc..).

Modalités de l'exercice après cinquante ans.

En règle générale, il ne faut pas rechercher les effets généraux, c'est-à-dire l'essoufflement, l'accélération du cœur, toutes choses que nous recherchions, au contraire, au cours de l'entraînement du jeune adulte.

Le premier but à atteindre est le maintien du volume musculaire, celui-ci étant la condition première de l'aspect juvénile : une chair flasque, déshydratée, un muscle dénutri signent la dégénérescence plus encore qu'une chair capitonnée de cellulite (avant le stade de sclérose de celle-ci, évidemment).

Les mouvements seront lents et progressifs, les exercices très localisés.

Les séances seront courtes et entrecoupées de nombreux repos.

S'il existe un point faible, il faudra le surveiller attentivement pour éviter des retentissements fâcheux.

C'est à cet âge-là plus qu'à tout autre que l'exercice physique doit être conseillé et surveillé par le médecin. En effet, d'une part, on a constaté que durant l'exercice physique, la tension artérielle s'élève : si les artères sont demeurées souples, tout se passe bien, comme au temps de la jeunesse : l'adaptation se fait sans danger. Mais n'oublions pas qu'à 50 ans, tout sujet est plus ou moins atteint d'athérosclérose : cette athérosclérose, dans la plupart des cas, n'est pas occlusive et l'adaptation des artères à l'effort physique se fait normalement, comme nous venons de le voir. Mais si les artères sont très indurées, il se produit au cours de l'exercice.

- Surtout en position couchée – une augmentation de la pression artérielle du territoire cérébral, d'où gros risque d'hémorragie cérébrale. C'est pour cette raison qu'on interdira :
- Les exercices couchés par crainte du « coup de bélier » sur les vaisseaux cérébraux,
- Les mouvements abaissant la tête au-dessous de la ceinture, notamment flexion et extension forcée du tronc.

Comme nous l'avons déjà signalé, il faudra distinguer le sujet qui a toujours pratiqué régulièrement des exercices sportifs et celui qui (ancien sportif ou sédentaire avéré) ne pratiquait pas d'exercice physique.

Le sujet qui a toujours eu un entraînement sportif régulier ne pose pas de grands problèmes. Il suffit de surveiller sa tolérance à l'effort et de guider son orientation sportive durant les belles années qui l'attendent encore. Il peut continuer ses exercices lorsqu'on ne constate chez lui ni trouble fonctionnel, ni trouble organique, quitte à lui faire cesser ou diminuer ses exercices physique au moindre signe fonctionnel d'intolérance à l'effort (gêne douloureuse thoracique, essoufflement, courbature marquée…) même si l'examen médical ne décelait rien.

Toutefois, il s'abstiendra – sauf cas exceptionnels – de gros efforts, de performances et se verra proscrire les courses de vitesse.

Il n'en est pas de même du sédentaire ou de l'ancien sportif qui décide, tout à coup, de faire ou de refaire de l'exercice physique. Ici, la plus grande prudence est de mise et, de tout façon, l'exercice physique ne sera permis qu'après un sérieux et complet examen médical.

Si le sujet est indemne de toute tare, ce n'est que très progressivement qu'il se mettra à l'exercice : ce qui était déjà encore pour un sujet fragilisé par l'âge.

Examen médical spécial du sujet d'âge mûr

Nous allons voir les points principaux de cet examen et l'orientation que ses résultats donneront aux possibilités sportives de l'individu.

Cet examen, indispensable pour qu'un sédentaire puisse entreprendre sans danger sa cure d'exercice, reste valable pour tous et doit être pratiqué chaque année chez tout sujet d'age mûr se livrant à l'exercice physique.

Cet examen sera général, mais on aura soin d'exiger aussi un bilan comprenant un dosage d'urée, de cholestérol, une recherche de sucre et d'albumine dans les urines et, évidemment, un électrocardiogramme.

1) Aspect physique.- Si le sujet est maigre, il supportera plus facilement les efforts.
   S'il est obèse, même modérément, l'effort lui est rendu plus pénible par ses kg supplémentaire et le sujet devra être spécialement examiné au point de vue cardiaque.

De tout façon, l'exercice physique qu'on lui recommandera sera dosé selon le degré de son obésité et sera extrêmement prudent. Un régime alimentaire sera alors prescrit, car compter sur la gymnastique seule pour maigrir est illusoire – et ceci à tout âge.

2) L'appareil cardio-vasculaire sera examiné de très près. On procédera avec soin aux épreuve d'aptitude cardiaque fonctionnelle : épreuves de Pachon, Martinet, de Lian, test de Flack (se reporter au chapitre « contrôle médico-sportif durant la musculation », voir P. 104 de ce livre.

Les exercices et sports violents seront interdits aux sujets dont la tension artérielle maxima élevée (supérieure à 12) : les squats, les efforts de pédalage, tous les sports réclamant une importante participation des muscles seront à déconseiller, mais la culture physique modérée peut être permise.

On examinera le cœur à la radioscopie afin de déceler une éventuelle hypertrophie et on pratiquera un électrocardiogramme qui révélera les lésions qui peuvent exister.

En conclusion de cet examen de l'appareil cardiovasculaire :

a) Si le sujet ressent une douleur à l'effort(si minime soit-elle), une sensation de striction, d'étau, il doit s'abstenir de toute activité physique créant ces symptômes. Sous surveillance médicale, il se contentera de marcher à un rythme lent.

b) S'il présente des signes d'insuffisance cardiaque avec essoufflement à la marche, gonflement des jambes, gros cœur à la scopie, il lui sera recommandé une à deux heures de marche par jour et des exercices respiratoires.

c) Si le sujet est hypertendu et sédentaire(homme d'affaires par exemple), il tirera un grand bénéfice d'une activité physique modérée (marche, golf, etc..) pratiquée dans des conditions de calme et de détente qui, en apaisant sa nervosité, auront les répercussions les plus heureuses sur sa tension.

   Si la tension artérielle présente une maximal fixe, mais une minimale élevée, il vaut mieux s'abstenir d'exercice physique.

   J'insiste encore ici sur le danger d'une gymnastique faite la tête basse. De toute façon, si le sujet ressent au cours d'un exercice une bouffée congestive ou s'il voit des « étoiles », des « mouches », il doit proscrire cet exercice, car tout choc hypertensif peut faire craquer une artère indurée, artérioscléreuse et provoquer une hémorragie ou un ramollissement.

3) Les reins.- Il faudra faire un examen sérieux de leur fonctionnement. L'insuffisance rénale, en effet, est une contre-indication de l'exercice sportif. On mesura l'évacuation de la diurèse, on recherchera le taux d'urée sanguine, une éventuelle albuminurie.
   Si le taux d'urée est supérieur à 0,50g, le sport sera formellement déconseillé (quoiqu'il y ait lieu de distinguer l'azotémie vraie et la simple azotémie de surcharge qui nécessite, elle, le régime et l'exercice : on pratiquera donc l'examen de concentration uréique afin de les distinguer).
4) Les poumons.- la radioscopie permettra de déterminer leur intégrité, leur degré de souplesse : le sport sera interdit au sujet qui présente des séquelles de pleurésie, de pneumonie.

Le sujet qui après avoir été soumis à tous ces examens, est reconnu apte aux exercices physiques, ne doit pas, pour autant, se livrer à une activité physique soudaine et effrénée : il faut établir un programme de travail prudent : les leçons, d'abords très courtes, seront progressivement prolongées. Le rythme très lent ira peu à peu se normalisant.

Les muscles ont perdu leur souplesse par l'inaction, il faudra procéder prudemment à leur rééducation, se méfier des courbatures qui pourront parfois s'accompagner de fièvre et même des troubles rénaux.

De toute façon, il sera conseillé au sujet de refaire un niveau bilan médical au bout de six mois et de se soumettre ensuite, chaque année, à cette formalité indispensable.

Le bref résumé de cet examen médical spécial au sujet d'âge mûr et au « vieillard » pratiquant ou désirant pratiquer l'exercice physique nous a prouvé en tout cas qu'il existe en réalité fort peu d'interdictions formelle à cette pratique.

Les sujets sains et vigoureux d'âge mûr peuvent jusqu'à un âge très avancé, pratiquer tous les exercices sportifs qui leur plaisent, à condition de le faire avec prudence et modération et sous surveillance médicale annuelle. Les autres (sauf les rares cas de contre-indication formelle) tireront le plus grand profit d'une activité physique raisonnable, adaptée à chaque cas particulier et, évidemment, sous surveillance médicale encore plus stricte.

Exercice physique de l'âge mûr

a) Schéma d'une séance de culture physique

Cette gymnastique doit être exécuté avec la plus grande régularité, chaque jour si possible, ou 6 jours sur 7. Les séances seront assez courtes, environ 15 à 20 minutes, mais on prévoira une ou deux séances plus longues par semaine (30 minutes environ).

a) Exercice d'assouplissement

Plus l'adulte s'éloigne de 35, 40 ans et va vers 50,60 ans, plus il donnera la préférence aux exercices d'assouplissement (se reporter au chapitre « Culture physique de l'âge pubertaire », p. 43 de ce livre, en supprimant, suivant le cas, les flexions du tronc en avant).

Il n'est plus question d'employer des charges additionnelles importantes, néanmoins si les forces du sujet le lui permettent, il peut se servir d'haltères légers qui rendront le travail plus efficace et plus agréable.

Il peut aussi employer des appareils qui lui permettent de prendre plus d'intérêt aux mouvements qu'il exécute : ballon médical, exerciseur à contrepoids (préférable à celui avec brins de caoutchouc parce que la résistance est constante et que le travail peut être gradué), machine à godiller, machine à ramer (à surveiller), puching-ball (modérément), home trainer, etc..

b) Gymnastique abdominale

Théoriquement, au moment de l'âge mûr, les exercices abdominaux devraient être pratiqués plus encore que les autres exercices physique. En effet, c'est à cet âge que les muscles abdominaux ont tendance à se relâcher sous la pression des viscères infiltrés de la graisse de l'inaction et surtout de la suralimentation. Il faut une solide sangle abdominale pour éviter ou corriger ce « gros ventre » qui semble une inévitable fatalité de l'âge : les maigres, eux-mêmes, n'en sont pas préservés !

Toutefois, n'oublions pas que tous les exercices exigeant la tête basse ou un effort violent et rapide sont déconseillés. Il faudra donc sélectionner les mouvements abdominaux et choisir ceux qui ne présentent aucun danger. Il faudra éviter les mouvements de torsion (exemple : assis au sol, torsion du tronc à droite ou à gauche, bras horizontaux ou derrière la tête), ceux consistant en un changement brusque de position (exemple : couché au sol, buste collé au sol, lever le buste à la verticale).

1- Mouvements abdominaux au sol.- ils seront tous exécutés avec un coussin sous la tête de façon à ce que celle-ci soit surélevée.

(1) Mouvements de pédalage.

(2) Couché sur le dos, bras en croix, jambes tendues à la verticale, pencher latéralement les membres inférieur à droite et à gauche. Ce mouvement est plus facile quand il est exécuté avec les jambes repliées aux genoux.

Ce mouvement peut être conseillée, car, exécuté sans rapidité, il n'exige qu'une torsion douce et limitée au bassin. Rappelons que l'ensemble de la colonne vertébrale est rendu plus vulnérable par l'âge et qu'il faut éviter les mouvements de torsion du tronc, brutaux et inconsidérés. Qui risquent d'être générateurs de lombalgies, de sciatiques, voire même de hernies discales douloureuses.

(3) Couché sur le dos, lever les jambes tendues et jointes à la verticale, les abaisser lentement à 10 cm du sol, puis les révéler, etc...

(4) Assis, mains aux branches, amener les genoux sur la poitrine sans toucher le sol avec les pieds.

Pour faire travailler les muscles transverses : dans la journée, marcher en pensant à rentrer le ventre (une ficelle serrée à la taille rappelle que le ventre se relâche).

En « expiration forcée », expirer lentement par la seule rétraction du ventre sans que bougent les côtes. Rappelons de nouveau que ces exercices abdominaux sont à déconseiller aux hypertendus pour les raisons que nous avons déjà exposées.

2. – Mouvements abdominaux à la barre fixe.- on peut aussi, grâce la barre fixe, exécuter des séries d'abdominaux sans danger. Cette barre devrait faire partie du matériel personnel élémentaire de culture physique. Il existe actuellement des barres fixes à accrochages instantané se fixant très facilement dans un couloir ou une embrassure de porte et qui sont d'un prix relativement modique.

La simple suspension à la barre (1), en soi, est une excellent chose : en effet, elle permet d'allonger, de décrisper et de détendre muscles et articulations au cours des exercices et surtout d'éviter le tassement de la colonne vertébrale (c'est ce tassement progressif qui, à la longue, occasionne la diminution de taille des gens âgés, si souvent constatée). Il suffit au cours de la séance de gymnastique, de se suspende 3 ou 4 fois, en se laissant peser de tout son poids, muscles relâcher (on a l'impression, d'ailleurs, de s'allonger). On terminera aussi la séance de gymnastique par cette suspension simple qui détendra les muscles contractés par l'effort.

Les mouvements abdominaux qu'on peut exécuter grâce à la barre fixe sont les suivants ; ils s'exécutent en suspension dorsale :

Lever le genou droit, puis le genou gauche en alternant. Cet exercice est excellent pour les muscles abdominaux et « débloque » aussi la colonne vertébral (2)

Elever simultanément les deux genoux (3).

Exécuter des battements de jambes tendus à l'horizontale. Ce mouvement semble difficile à exécuter, mais l'est beaucoup moins quand on songe à tirer sur l'extrémité des pieds, comme si on voulait les allonger à l'extrême (5)

c) Mouvement respiratoires

Ils sont, cela va de soi, d'une utilité primordiale à cet âge plus que jamais, il faut ventiler les poumons, faire travailler à fond toutes leurs alvéoles, afin de ne pas offrir de prise aux ennuis pulmonaires qui guettent plus encore les gens d'âge mûr et les vieillards que les adultes jeunes. Une bonne respiration est une arme de lutte très importante contre les rhumes prolongés, les bronchites, les grippes si dangereux parce qu'ils guérissent plus difficilement que chez les jeunes et dégénèrent vite en maladies plus graves.

Se reporter à l'exercice primordial de respiration complète, voir chapitre « La respiration de l'âge pré pubertaire ». paragraphe « prise de conscience de l'acte respiratoire normal »… P.19 de ce livre.

Il faudra faire cet exercice 3 à 4 fois avant et après la séance de culture physique, le refaire le soir et le faire aussi quand on y pense durant la journée et surtout au cours des promenades en plein air.

d) Repos et relaxation

Il est excellent de terminer chaque séance de gymnastique par une ou deux minutes de repos, allongé, muscles détendus, yeux fermés, en prenant garde de ne pas prendre froid.

b) Les sports de l'âge mûr

Les sports de vitesse se sont plus indiqués dans l'âge mûr ils sont trop épuisants, présentent trop de risques de traumatismes pour un organisme, même encore d'apparence vigoureuse et juvénile, mais dont l'âge a malgré tout, in inévitablement, modifié les structures.

D'ailleurs, la vitesse est une des qualités sportives qui faiblit le plus rapidement quand l'entrainement est interrompu et qui diminue inexorablement avec l'âge. Il est donc inutile, selon dangereux, s'obstiner.

Les sports d'équipe sont, eux aussi à éviter d'une manière générale. Si ceux-ci ne sont pas mauvais par eux-mêmes, ils risquent d'entraîner un sujet au-delà de ses forces. En effet, surtout si l'individu a toujours pratiqué un sport,, qu'il y a brillé même il admettra difficilement qu'il n'est plus tout à fait « dans la cours ». il risque donc de se surmener dangereusement de s'épuiser physiquement et nerveusement soit qu'il voudra, à toute force, se maintenir par l'aiguillon de son amour-propre et de sa volonté, soit qu'il ne ressentira m6eme pas les effets de la fatigue lorsqu'il sera dans le feu de l'action.

Les compétitions, dans le même ordre d'idées, seront-elles aussi déconseillées – sauf exception – car elles font courir le risque d'accidents stupides.

Toutefois, n'oublions pas que si la rapidité, la capacité à maintenir un effort maximum diminuent avec l'âge, il est une qualité qui s'accroît avec l'âge quand on continue à la cultiver et à la développer : c'est l'adresse. A cette adresse le sportif d'âge mûr ajoute aussi l'expérience, l'astuce même, de triompher d'adversaire plus jeunes, à condition évidement, d'avoir gardé ses ressources physique, et dans certains sport seulement : tournois d'escrime, concours de tir voire même d'démonstrations gymnique.

Ces restrictions étant faites, il reste à la disposition du sportif d'âge mûr toute une gamme de sports individuels à sa portée.

Avant toute chose, la marche à pied, ce sport si délaissé et que je ne suis pas loin de considérer comme la panacée universelle de la « médication par l'exercice ». c'est le plus simple, le plus pratique, le moins onéreux, le moins dangereux et souvent le plus agréable des sports : ce qui lui manque, bien sûr c'est le côté spectaculaire si cher aux amateurs de snobisme !

De récents travaux et dosages faits par Labignette, collaborateur du Professeur Chailley-Bert, ont prouvé qu' « une heure de marche par jour, à bonne allure, fait baisser la cholestérolémie, en rétablissant le pouvoir cholestérolytique du sang qui diminue et même disparaît à partir de la cinquantaine ». Voici de quoi convaincre notre siècle, affolé par son cholestérol !

La marche (encore une de ses qualités !) a le mérite de s'adapter au cas de chacun : marche en terrain plat ou en terrain accidenté, petite marche ou longue course, marche à rythme lent ou à rythme rapide.

La marche reste souvent permise, alors que l'état du sujet lui a interdit d'autres exercices et sport et l'on peut compter les quelques rares cas pathologiques où elle-même se voit défendue. Nous avons vu qu'elle était non seulement autorisée, mais même recommandée dans certaines lésions de l'appareil cardio-vasculaire. Jusqu'aux convalescents d'infarctus du myocarde à qui on la recommande 5 à 6 semaines après l'accident aigu et à raison d'une heure à une heure et demie par jour (sauf si le cœur a augmenté de volume et s'il existe des signes d'angor à l'effort) : la marche, en favorisant la circulation collatérale et en améliorant la vascularisation du myocarde, est très bénéfique pour eux.

La « cure de terrain » d'Oertel, si efficace et si en faveur en Allemagne au siècle dernier, ne trouva pas, hélas ! grand écho en France, sauf dans quelques stations thermales où des sentiers ont été classés, permettant d'augmenter chaque jour et la durée et l'intensité de l'effort fourni. A Brides-les-bains, de tels sentiers, à travers un merveilleux paysage savoyard, existent encore… mais à combien de gens servent-ils ?.

Quand je pense que des jeunes de moins de 20 ans sont maintenant devenus incapables de parcourir un kilomètre autrement qu'avec la « mobylette » ou le fameux « scooter » ! Quelle génération d'impotents est en train de se préparer ! grâce à la marche, surtout en plein air, les échanges respiratoires s'accélèrent, accroissent l'apport de l'oxygène dans le sang et favorisent la fonction lipolytique des poumons (point non négligeable pour ceux qui craignent l'obésité !)

Au repos, 4 à 5 litres d'air seulement traversent les poumons en une minute ; 15 à 20 litres les traversent pendant une marche à pied à la vitesse de 5 km/ heure.

L marche permet à l'individu de lutter contre l'excès de poids (à condition de ne pas se contenter de 10 minutes de flânerie !). en effet, non seulement la marche mobilise les deux tiers des masses musculaires et elle constitue, pour cela seulement, déjà un excellent exercice, mais elle procure aussi à l'organisme divers effets bénéfiques : il se produit au cours de la marche une évaporation d'eau à la surface des poumons, l'évacuation des excréta est excité et favorisée et, enfin, la sécrétion sudorale est accrue (surtout si le terrain est accidenté et le rythme vif.)

24 km font perdre : 1 kg 900 (avec une pause de 10 minutes toutes les 50 minutes) ;

1 kg 100 (avec une pause de 10 minutes toutes les 30, 40 minutes).

On a calculé qu'il se produisait par heure de marche une perte de 200 calories.

Et combien d'autres bienfaits encore nous dispensent la pratique de la marche à pied !

La peau s'aère, se vivifie, devient rosée, tendue, éclatante d'une beauté qui ne doit rien aux fards surtout si le soleil brille. L'organisme se cuirasse contre les variations de température, habitué qu'il est à se rire du vent, de la pluie, du froid ou de la chaleur.

De plus, surtout si elle se fait en plein air, elle aura le plus heureux effet sur le système nerveux, en apportant le calme, la sérénité et en favorisant le sommeil. N'oublions pas non plus l'effet moral de la marche à pied (tous les marcheurs, randonneurs me comprendront). Le spectacle de la nature, en développant le sens artistique et le goût du beau, est une source immense et intarissable de plaisir, plaisir multiple s'il en est un, car au plaisir de à son corps sa ration d'exercice, s'ajoutent le plaisir des yeux, celui de l'odorat (ah ! l'odeur de la mer, de la forêt, de la végétation mouillée ou frappée de soleil...) celui de l'ouïe aussi (bruit sectes) et j'ajouterai (par anticipation) celui du goût du repas qu'on dégustera au retour d'un appétit aiguisé.

Les citadins, s'ils sont moins favorisés que les campagnards, ne doivent pas pour autant, sous prétexte qu'ils ne disposent pas de verte nature, se condamner à l'auto, à l'autobus ou au métro. Chaque ville possède soit un grand square, soit des « allées », soit des remparts, ect.. et même faite en pleine ville, la marche gardera une bonne partie de ses effets bénéfique sur l'organisme.

Si l'homme mûr ne peut pas toujours, sauf en vacances ou en week-end, consacrer autant de temps qu'il désirerait à sa marche à pied parce qu'il a encore des occupations professionnelles, le vieillard, lui, jusqu'à un âge avancé, et même s'il devient incapable d'un autre exercice, pourra consacrer le temps qu'il désire à la marche à pied. Celle-ci deviendra, pour ses dernière années, un grand but, une immense source de joie et d'intérêt à la vie.

Pour ceux qui ont la possibilité de la pratiquer, la chasse est une excellente forme de marche à pied. Le terrain est souvent gras, accident, il faut se baisser, s'accroupir pour l'affût : la dépense physique, au cours d'une journée de chasse active, est fort grande, elle permet de savourer sans remords le copieux repas de chasse qui termine une fatigante partie de plein air.

Signalons aussi le golf. Malheureusement très peu à la portée du grand public, mais qui permet de faire de longues promenades à pied sans surmenage puisqu'elles sont coupées d'arrêtes : et ce sport permet d'épanouir au maximum les qualités d'adresse, de précision, de coup d'œil qui, nous l'avons vu, demeurent les qualités privilégiées du sportif d'âge mûr.

La natation est aussi un excellent sport de l'âge mûr. Elle sollicite tous les muscles, exerce tous les membres, est favorable à la peau (surtout en milieu naturel : mer ou rivière) et fait profiter les poumons du bon air inspiré quand elle se pratique en plein air.

Elle permet aussi à l'individu de limiter son effort selon sa vigueur et sa forme : il peut nager un quart d'heure, une demi-heure ou plus selon ses possibilités physiques.

L'idéal, évidemment, est de pratiquer ce sport soit dans une rivière ou un lac calme et tempéré ou, mieux encore, à la mer par beau temps. Mais la piscine de ville, couverte ou à ciel ouvert, permet elle aussi de pratiquer ce sport utilement, quoique moins agréablement.

La pêche est plutôt une détente agréable qu'un sport. Elle est surtout bénéfique par l'air respiré et le calme complet qu'elle exige. C'est en ce sens qu'elle convient aux hommes surmenés et survoltés. Toutefois, la pêche au lancer est une pêche sportive, nécessitant une certaine dépense physique, et dont l'homme d'âge mûr tirera le plus grand bien, si elle l'intéresse.

Le cyclotourisme, si cher au Dr. Ruffier, son adepte passionné, est un des meilleurs sports de l'âge mûr que le danger des routes, de plus en plus encombrées de quatre roues, rendra bientôt impossible ou tout au moins périlleux.

C'est un sport reposant pour l'esprit, le sport des surmenés, des nerveux, quand il se pratique dans de bonnes conditions.

Il met en action de nombreux groupes musculaires, ce qui permet à l'organisme de fournir une dépense énergétique assez élevée : « la bicyclette est un exerciseur qui transforme en un mouvement rotatif et continu le mouvement alternatif et saccadé des jambes » (Dr Ruffier).

Comme le fait la marche, le cyclisme accroît les fonctions d'assimilation et de désassimilation et augmente les éliminations par les reins, la peau, l'intestin.

C'est aussi un bon sport respiratoire puisqu'il augmente de 6 à 8 fois l'absorption de l'oxygène et l'élimination du gaz carbonique.

Il ne risque pas de surmener le cœur puisqu'il suffit d'adapter le rythme et la durée de la promenade à ses possibilités physiques (l'idéal serait 50 km par jour à 12-20 km à l'heure).

Pour ceux qui les ont à leur disposition et qui les connaissent, le patinage, le ski de promenade sont des sports qui peuvent continuer, sans exagération, à être pratiqués.

Enfin, il est un autre sport qui est aussi une bien agréable occupation, c'est le jardinage.

Avoir un bout de terre à cultiver devrait être le but de chaque individu équilibré pour son âge mûr. En plus des satisfactions morales qu'il donne (plaisir et orgueil de voir pousser « ses » légumes et « ses » fleurs...), il est un agréable violon d'Ingres pour l'homme et la femme encore en activité et une bienheureuse occupation pour l'être vieillissant qui se retrouve inactif, inutile et malheureux quand sonne l'heure de la retraite professionnelle.

La vie de plein air, les mouvements divers qu'exige la culture d'un jardin, l'activité qu'il faut y dépenser sont les plus sûrs garants d'une bonne forme physique.

Disons aussi un mot de la pratique du yoga qui rebute bien souvent les sujets jeunes actifs, bouillonnants de vie, être, débordant de dynamisme et de vitalité, brûlent de disperser.

Les sujets d'âge mûr et possédant la souplesse nécessaire pourront s'y adonner avec grand profit.

Exercice Physique de la Femme

Si, durant l'âge pré pubertaire et pubertaire, la culture Physique sera la même chez le garçon et chez la fille, j'ai cru nécessaire d'envisager ici un chapitre spécial concernant la culture Physique Féminine.

En effet, il existe encore bien des préjugés à détruire, concernant l'exercice physique chez la femme.

Evidemment – et heureusement pour elles, comme pour nous !-, le temps où la femme était considérée comme un bibelot fragile qu'un geste un peu brusque pouvait briser fait partie d'un passé qui nous fait sourire. Mais, si on admet actuellement généralement la pratique de tous les sports pour la femme, on n'admet encore que bien difficilement la pratique de la culture physique avec charges additionnelles.

Les femmes les premières, poussent des cris d'effroi : « mais je vais « attraper des muscles » ! quelle horreur ! » D'abord, Mesdames, sachez que votre état de femme vous préserve de la musculature outrancière que vous redoutez. La nature n'a pas doté la femme des mêmes muscles que l'homme (sauf évidement, quelques cas exceptionnels). Voudrait-elle-même les travailler pour obtenir des muscles virils qu'elle n'y arriverait pas ! (remarquons d'ailleurs, en passant, que même chez l'homme il y a une limite au développement musculaire : il arrive un moment où le muscle reste stationnaire.)

Donc, que la femme ne craigne rien : la femme normalement constituée au point de vue musculaire ne risque jamais de voir se développer chez elle une musculature virile. Je précise bien « musculature virile », car si celle-ci est une catastrophe pour la féminité (il n'est que de voir certaines femme heureusement rares, qui en sont affligés congénitalement), il n'en est pas de même de la gracieuse musculature féminine. Cette musculature féminine, on ne saurait assez le répéter pour détruire un tenace préjugé d'ignorance est un facteur indispensable de la beauté du corps féminine. C'est l'armature de soutien d'une belle enveloppe de chair et de peau, c'est la gaine et le soutien-gorge naturels… sans cette armature de base, tout s'effondre ou s'effondrera un jour ou l'autre : ceci est inéluctable.

Regardez les belles, danseuses classiques ou de music-hall : elles sont musclées harmonieusement, avec un léger enrobement graisseux qui estompe les reliefs. Leur beauté corporelle n'est-elle pas l'idéal, plus ou moins secret, de chaque femme ? et pourtant, elles sont musclées.

Il faut réhabituer l'œil et le goût à la notion exacte d'un beau corps féminin : ce n'est ni celui d'une famélique « planche à pain » (laissons cet aspect efflanqué d'affamée, tous os pointant, aux mannequins de haute couture, qu'il est préférable de voir dans leurs atours sophistiqués plutôt que sur une plage !).

Allons, Mesdames, plus de mauvaises excuses, au travail, et chassez de votre esprit l'épouvantail MUSCLE...

Buts de la culture physique chez la femme.

1° Avant tout, l'exercice doit procurer à la femme, comme à l'homme d'ailleurs, la santé et l'équilibre physiologique, ceci doit demeurer pour tous le but primordial de la pratique de la culture physique. La sédentarité étant la grande ennemie d'une bonne santé, la femme devrait, plus encore que l'homme, s'astreindre aux exercices physiques afin de léguer son propre Capital-Santé aux enfants qu'elle mettra au monde.

2° l'exercice doit, comme chez l'homme, essayer de corriger les défauts physiques existants de façon a faire approcher chaque femme, le plus possible, du type morphologique féminin idéal.

3° Il doit la préserver des déformations et de la dégénérescence, non seulement inhérentes à l'âge comme chez l'homme, mais aussi particulières à son état de femme.

Toutes les époques de la vie génitale de la femme risquent de s'accompagner de déformation : obésité ou maigreur de l'adolescence, relâchement des tissus (du ventre et des seins surtout) après les maternités, embonpoint général ou localisé de la ménopause par exemple.

4° Enfin (et c'est surtout sous cet aspect-là la plupart des femmes envisagent la nécessité de l'exercice physique) il doit permettre à la femme d'entretenir sa jeunesse et sa beauté et de prolonger le plus possible son allure et son aspect juvéniles.

2.- Modalités de la culture physique chez la femme

1. comme nous l'avons déjà vu chez l'enfant, l'adolescent ou l'adulte, la jeune fille ou la femme qui prend conscience de la nécessité de faire de la culture physique doit, avant toute chose, faire le bilan d'elle-même. Son premier souci sera de vérifier sa bonne tenue (et je parle ici de la vraie bonne tenue physiologique et non pas celle, ridicule et de anti physiologique, des mannequins et cover-girls : dos rond, ventre en avant, genoux pliés- et ne me croyez pas, pour autant, ennemi de cette charmante profession !).

Si elle ne tient mal, elle devra donc se reporter aux exercices de bonne attitude déjà décrits au chapitre « exercices physique de l'âge pré pubertaire ».

2. les exercices respiratoires sont chez la femme d'une importance primordiale. D'une part, la plupart des femmes possèdent une respiration abdominale qui nous l'avons vu chez l'adulte, est une mauvaise manière de respirer, d'autre par sa capacité respiratoire est nettement inférieur à celle de l'homme.

La gymnastique respiratoire est donc indispensable à toute femme, aux sédentaires bien sûr, mais aussi aux sportives évoluées qui verront s'accroître leurs possibilités grâce à elle.

3. les exercices d'équilibre sont excellents pour la femme, car ils lui donnent, par le contrôle des attitudes, une grande harmonie des gestes. Ils développeront ou donneront la grâce et l'élégance. Se reporter aux exercice d'équilibre de la rubrique « Education physique en classe de l'âge pré pubertaire », p. 28 de ce livre.

La femme peut tenir un ballon en équilibre au bout du bras levé, marcher avec un gros dictionnaire sur la tête etc..

4. Les abdominaux sont les muscles à cultiver et à entre tenir de façon toute particulière chez la femme.

Les abdominaux sont pour tous « les muscles de la santé » puisqu'ils soutiennent les organes et viscères qui. Privés de cette ceinture naturelle, risqueraient des désordres divers. Chacun comprend qu'une solide ceinture abdominale est encore plus indispensable à la femme lors de ses grossesses et surtout pour ne pas être déformée par elles et retrouver très vite sa taille mince et son ventre plat.

Elle ne négligera donc jamais la gymnastique abdominale qui s'exercera sur les grands droits (les abdominaux inférieurs, les abdominaux supérieurs.) les obliques et le transverse.

Tous les détails en sont données au chapitre « Gymnastique abdominal de l'âge pré pubertaire », voir p.22 de ce livre.

5. Les scapulaires sont peut-être moins vitaux, mais tout aussi primordiaux à cultiver chez les femme. Ce sont eux qui lui assureront un beau port de tête, un cou dégagé qui lui éviteront le double menton, un dos droit, de belles épaules qui feront honneur aux robes décolletées.

Là aussi, se reporter au chapitre « Gymnastique des scapulaire de l'âge pré pubertaire », p. 25 de ce livre.

6. Les exercices d'assouplissement constitueront l'essentiel de la culture physique de la femme en général. Ces exercices agissent sur l'ensemble de l'organisme (système musculaire, ensemble des viscères) et assurent la souplesse des articulations qu'ils font travailler dans tous les plans. Les plans pratiquer est presque une assurance contre l

Arthrose qui guette plus encore les articulations de la femme que celles de l'homme. Ces exercices s'exerceront sur la tête et le cou, le thorax, le basin et l'abdomen, les bras, avant-bras et mains, les jambes.

Voir chapitre « Education physique de l'âge pubertaire, exercices d'assouplissement ». p. 43 de ce livre.

Comme nous l'avons déjà signalé, ces exercices d'assouplissement – qui sont valables pour tous, homme et femme, de l'âge pubertaire à la vieillesse – présentent l'inconvénient d'être assez fastidieux à exécuter élémentaires, de façon à s'assure soi-même qu'on les exécutera avec régularité et persévérance.

Cette gymnastique sera utilement complétée par :

- La gymnastique au bâton du Dr. Ruffier (décrite dans ce livre de celui-ci : « soyons forts »),
- - la pratique de l'exerciseur « force femme » (prix modique : 15 francs environ) : se reporter

A la planche d'exercices joints à l'appareil,

Le travail des épaules avec des massues de bois, le saut à la corde qui cultive les muscles des membres inférieurs, développe les fonctions cardiaques et respiratoires et aussi les muscles abdominaux contractés lors de chaque retombée sur le sol.

La culture physique avec charges additionnelles

Nous voici arrivés, maintenant, au chapitre litigieux.

Si les médecins, les hygiénistes, les esthéticiens sont maintenant tous d'accord sur la nécessité de l'exercice physique chez la femme, il subsiste (je dois dire bien souvent parmi les ignorants et les non-pratiquants de la culture physique) des adversaires irréductibles de cette méthode de culture physiques appliquée à la femme. Les uns opposent la soi-disant « faiblesse féminine », peu compatible avec le maniement des poids, les autres l'Ennemie no1 : le muscles...

Je peux vous assurer que, personnellement, je n'affirme rien que j'aie essayé moi-même ou fait essayer par ma femme, mon fidèle cobaye. Depuis plus de cinq ans que ma femme pratique, avec poids relativement lourds par rapport à son propre poids de 50 kg, je l'ai vue se transformer, s'embellir, rétablir l'équilibre et l'harmonie entre les différentes parties du corps, mais quant au muscle terrifiant... je l'attends toujours. La même remarque, je l'ai faite chez les culturistes-femme que j'ai suivies et, si vous connaissez des femmes culturistes dans entourage, vous constaterez la même chose.

a) NECESSITE DE CETTE CULTURE PHYSIQUE AVEC CHARGES ADDITIONNELLES

D'abord, et c'est un aspect non négligeable, elle est plus intéressante, plus amusante même à pratiquer que la simple gymnastique à mains libres. Si les romains désirent, eux, « du Pain et des Jeux », le muscle lui aussi a besoin de « jouets » pour s'entraîner avec plaisir.

Le stimulant apporté par un poids plus lourd, manié sans fatigue et plus longtemps que la veille est, comme il l'est pour l'homme, un précieux encouragement. Chez la femme qui commence, disons poétiquement « à prendre de l'âge », c'est un réconfort able assurance qu'elle ne perd rien de sa robustesse de résistance, donc de sa santé et de sa forme d'autrefois.

Mais surtout, exactement comme nous l'avons vu chez l'homme, c'est le seul moyen efficace de se transformer physiquement. Les exercices d'assouplissement, l'hébertisme, la pratique régulière d'un sport surtout de plein air, s'ils apportent à l'organisme féminin un mieux-être immense, s'ils permettent de garder la forme et l'allure de la jeunesse, ne peuvent pas hélas ! corriger les malformations et déformations des parties charnues du corps.

Ceci est valable pour la femme comme pour l'homme. Seul un travail intelligent avec charges additionnelles, bien conseillé, bien orienté selon chaque cas personnel, peut venir à bout de tel ou tel point physique, bête noire de la femme qui en souffre et en fait souvent un véritable complexe. Le mieux, évidemment, est de s'adresser à un professeur exerçant dans une salle compétente et qui désignera à chacune, avec précision, sur quel point doit s'exercer son effort : ventre mou et proéminent, taille épaisse, hanches grasses et cellutiquess, cuisses trop grosse ou, au contraire, trop maigres et e tout cas disproportionnées par rapport au reste du corps, bras mous sans galbes ou au contraire en flûtes-ficelles, épaules grêles ou tombantes, seins ptosés par le manque de soutien musculaire (pectoraux), etc.

b) SHEMA D'UNE SEANCE DE CULTURE PHYSIQUE FEMININE AVEC CHARGES ADDITIONNELLES

Toutefois, si la femme doit porter spécialement son effort sur la partie de son corps qu'elle sait critiquable, elle se trouvera bien de ces quelques exercices qui vont suivre et qui s'adressent aux fibres musculaires les plus importantes pour la beauté du corps féminin.

Il lui suffira de faire plus de séries et répétitions des exercices l'intéressant spécialement : 3 à 5 séries de 12 à 15 répétitions sont le schéma d'entretien général de la musculature, car, chez la femme, on ne recherche pas la force, mais le volume, le relief, l'impression de beau fruit gorgé de vie il va de soi, comme pour l'homme, que la femme jusque-là abandonné à lui-même légers et exerciseurs !

Lorsqu'elle aborde la culture physique avec charges additionnelles, elle pratique un jour sur deux les exercices pour le buste et l'autre jour ceux pour les hanches el les jambes.

Il s'agit surtout de développer, redresser, raffermir la poitrine par le travail des pectoraux. Se rappeler que si la glande mammaire ne peut, elle, être modifiés, on pourra agir sur le muscle pectoral qui, en fait, constitue une bonne partie du sein. En travaillant le pectoral, on arrive à le développer, à le durcir, à amener une certaine congestion des tissus. Cette modification du pectoral, à la fois, donne au sein trop petit une impression de volume plus important et redresse le sein ptosé. De même, lorsque la glande mammaire est hypertrophiée, infiltrée de graisse, le travail intensif du pectoral, tout en raffermissant le sein, élimine aussi une partie de la graisse superflue.

Développé couché : 3 à 5 séries de 15 répétitions (A)

Crucifix : 3 séries de 15 répétitions (B).

Pull-over : 3 séries de 12 répétitions. Ce mouvement, en outre en très intéressant, car il fait travailler les triceps.

Or, cette région antéroexterne du bras (gras du bras) est la zone de prédilection de la cellulite (C)

Travail du train inférieur : hanches jambes, fessiers

Ce travail aura plus buts : d'éviter et de diminuer le tissu cellulograisseux (cellulite + graisse superflue), de tonifier les fessiers et de galber les jambes, tout en dégageant les articulations, chevilles et genoux.

_ Squats : 5 séries de 15 répétitions.

_ Avec semelles de plomb ou de fonte.

Se reporter au chapitre « Musculation des jambes dans le travail avec charges additionnelles de l'adultes », P. 97 de ce livre.

_ si la femme a la possibilité de fréquenter une salle, elle aura à sa disposition une machine, appelée leg-press, qui donne meilleurs résultats. Le professeur la guidera, selon son cas, quant aux séries et répétitions (en général, 3 séries de 15 répétitions) (1).

Naturellement, elle associera la diététique qui convient à son cas médico-esthétique.

Régime diététique, hypocalorique et hypocalorique dans les cas de cellulite et d'obésité avec, comme adjuvants, les cures de massage, les cures thermales spécialisées en station (Brides-les-Bains) ou à domicile (hydroxydes). Si l'obésité est très importante, il faut d'abord maigrir avant d'entreprendre une telle culture physique.

Si la femme est trop maigre et se désespère d'arriver a prendre du poids, cette culture physique avec charges additionnelles, exécutes suivant un rythme lent, m'a déjà donne des résultats spectaculaires, associée évidement a un régime et a un traitement appropries (alors que ceux-ci, seules, s'étaient avères inefficaces).

Pour la femme un peu effrayée d'entreprendre une méthode de culture physique nouvelle et originale, le control régulier de son organisme par son médecin, non seulement la rassurera, mais la convaincra de poursuivre son effet.

Cette culture physique ne doit pas être entreprise par la jeune fille avant l'âge de 18 ans, de même qu'elle ne doit pas être entrepose par le jeune homme avant cet âge.

La femme qui fait chaque jour sa culture physique a bien mérite, non seulement d'elle-même, mais aussi de sa famille, puisqu'elle se gardera jeune et bien faite pour la joie des seins. Elle est aussi un précieux exemple pour ses enfants qui l'imiteront et prendront gout ainsi a la pratique des exercices physiques dès leur jeunes âge.

3.- Les sports et la femme

Le femme n'est pas physiquement l'égale de l'homme : sa force physique est généralement moindre et son endurance aussi (bien que sa volonté morale puisse lui faire accomplir, dans certains cas, d'admirables performances…)

1 L'athlétisme

C'est le sport de base, excellent ou la femme peut briller. Les épreuves qu'elle aura a accomplir resteront, toutefois, de la catégorie-junior.

Elle peut pratiquer le saut en longueur, le saut en hauteur avec élan.

Le lancer du poids sera étroitement dépendant du gabarit (taille et poids) de la femme athlète.

Quant aux courses, il vaut mieux la faire courir sur des distances moins grandes (80 mètres au lieu de 100 mètres, 600 mètres au lieu de 1.00 mètres). En principe, pas de courses de fond, ni de demi-fond, ni de 800 mètres olympique, trop dur pour elle.

Nous voyons donc qu'elle peut pratiquer toutes les épreuves d'athlétisme et a son aspect physique.

Les sports individuels

Pour elle, comme pour tout le monde, n'oublions pas la marche à pied, cette chose excellente, qu'on néglige trop (peut être justement parce qu'elle est à la portée de chacun !0. Il ne suffit pas, évidement, de se contenter de faire 10 minutes de lèche-vitrine dans son quartier : pour que la marche soit bénéfique, il faut faire au moins 6 kilomètres par jour, sur un rythme assez vif.

Les sports de montage ont leurs adeptes ferventes :

Le ski, très bon sport féminin, permet d'ailleurs a la femme de briller de belle façon dans les compétitions ;

_ l'alpinisme, lui aussi, a ses mordues, mais c'est un sport très difficile, à la fois périlleux et fatigant, qui exige de ses adeptes des solides qualités morales en plus des qualités physiques ; une très sérieuse sélection est opérée par les clubs… ou s'opère d'elle-même ;

le patinage qui peut aussi être pratique dans certaines grandes villes possédant une patinoire _ est le sport féminin par excellence, qui développe a ;la fois la souplesse, l'audace l'équilibre' le rythme ; la vitesse et donne beaucoup de grâce et d'élégance ;

La natation, qui est un sport pratiquement complet, est le sport idéal de la femme,, d'autant plus qu'il peut se pratiquer assez facilement, beaucoup de villes possédant une piscine : toutefois, les femmes au système thermie=que fragile devront la pratique dans de bonnes conditions de température ou s'en abstenir, et où et devront se méfier du froid : pas trop de plongeons non plus, sauf pour les spécialistes sélectivement entrainées :

L'aviron est un sport excellent pour la femme, surtout si elle respire mal ou superficiellement : il cultive les muscles de l'abdomen, ouvre la cage thoracique ; la bicyclette, bon pour la femme saine, n'est pas très recommandée a la de femme souffrant d'ennuis génitaux-abdominaux, même bénins ;

L'équitation et le tennis sont aussi de bons sports féminins, mais réserves souvent a une élite fortunée ;

L'escrime, elle aussi, n'est pas à la portée de toutes : contrairement à ce qu'on pense ce sport n'exige, somme toutes qu'un travail assez modère de bras et met surtout les muscles du bassin en action ;

La danse est un des meilleurs sports féminins qui convient en tous points à la nature de la femme et ne peut que développer ses qualités naturelles de grâces, d'élégance, de souplesse tant appréciées et qui font son charme ; toutes les danses dont bonnes : classiques, rythmiques… et mêmes modernes.

3- Les sports d'équipe

Ce sont surtout le basket-ball et le volley-ball. Tous deux sont des sports d'élongation, d'où l'intérêt de les faire pratiquer par des filles qui possèdent des muscles << noues >> congénitalement. De plus, surtout le volley-Ball, ils exigent une attitude en extension, ce qui permet de redresser les tilles déviées en fortifiants les masses dorso-lombaires.

Le hockey est très peu pratique en France (il l'est surtout en Angleterre). C'est un bon sport féminin, mais qui peut être dangereux (blessure au visage, soit par une balle, soit par la crosse).

4.- Sports et exercices durant certains états féminins

1- Les règles

Tout dépend de la façon dont la femme les supporte. Si les règles sont habituellement faciles, il n'y a aucune raison d'empêcher systématiquement l'exercice physique durant celles-ci. Par contre, il vaut pour toues s'abstenir de natation, surtout en eau froide, et se mettre au repos le premier jour.

2- La grossesse

a) Avant l'accouchement

La femme habituée à l'exercice physique peut, sans dommage, continuer a faire quelques mouvements simples et faciles. La marche, les exercices de bonne tenue sont excellents pour toutes, de mêmes que les exercices respiratoires (qui font d'ailleurs partie de la méthode <<d'accouchement sans douleur>>)

Il y a des fortes chances que la sportive aura une grossesse et un accouchement meilleurs que la sédentaire parce que sa paroi abdominale, son périnée sont toniques et muscles et elle craindra moins aussi l'apparition des ennuyeuses vergetures.

Ce qui doit être absolument inter dit durant la grossesse et surtout durant les trois premiers mois sont les sports violents, les sports de compétition (basket, volley, tennis course de vitesse, le sport en longueur et en hauteur surtout). La pratique de ces sports donne un risque grave d'accidents et d'avortement.

b) Apres l'accouchement

La méthode du << lever précoce>> dès le deuxième jour présente des avantages incontestables. Si l'accouchement a été normal, on a interner a commencé un peu de culture physique dès le deuxième jour : celle-ci accélère les combustions internes de l'organisme, rend l'involution.

On commencera au début par le quelques exercices au lit : mouvements respiratoires-, mouvement des bras, des cheville.

Puis toujours au lit, des mouvements abdominaux, d'abord prudent, seront exécutés (pédalages, ciseaux, lever des deux jambes tendues à la verticale, etc.).

Enfin, on fera quelques mouvements simples de gymnastiques, une partie au lit, l'autre moitié en étant debout.

Dès que la femme se levé normalement, le peut, petit à petit reprendre ses activités physique habitudes (ne pas oublier le port d'un bon soutien-gorge, surtout si elle nourrit son enfant).

Si sa grossesse lui a laissé quelques kilogrammes de trop, elle peut commencer un régime concurremment avec sa culture physique ; ils s'envoleront vite (à condition, évidemment, que la femme ne nourrisse pas don enfant).

En conclusion de tout ceci, nous voyons que la femme peut sans restriction, tout comme l'homme, pratiquer les sports, l'athlétisme et la culture physique, non seulement la culture physique a mains libres, mais aussi celle avec charges additionnelles, selon, évidement, sa force et sa résistance.

Elle en tirera comme l'homme, non seulement le plus grand profit immédiat, mais aussi l'assurance d'un avenir en beauté et en sante.

V._ HYGIENE DE VIE DE L'AGE ADULTE DE L'AGE MUR ET DE LA VIEILLESSE

Logiquement – si l'homme n'était pas devenu aussi sédentaire - l'exercice physique devrait faire partie intégrante de cette hygiène de vie. Mais étant donne que pratiquement nous n'avons jusqu'à présent examiner que l'exercice physique a peu près seul, du moins pour l'adulte, nous allons maintenant envisager hygiène de vie isolement, en matière de conclusion, puisque cette hygiène de vie est valable pour tous hommes ou femmes sportifs ou sédentaires individus jeunes… ou qui le sont moins.

Sans cette hygiène de vie, l'exercice physique perdrait les trois quart de son bénéfice et risquerait fort, d'ailleurs, de devoir cesser un jour ou d'autre faute d'un organisme assez vigoureux pour le continuer. Sans elle, 1 l'exercice physique, seul ne pourrait tenir en respect les maladies de nutrition, de civilisation, de dégénérescence qui nous guette.

Si on est certain de l'amélioration fonctionnelle apportée à l'organisme par l'exercice physique, il n'y a, pourtant pas encore de preuve absolue qu'exercice sante... Par contre, il est absolument prouve qu'une mauvaise hygiène de vie des excès de toutes sortes conduisent presque toujours, tôt ou tard, l'individu a la maladie et raccourcissent singulièrement ses espérances de vie : l'échéance est plus ou moins lointaine selon les prédispositions héréditaires plus ou moins vigoureuses de l'individu, mais elle se produit inévitablement.

De plus, dans les rares cas ou des lésions organiques graves défendent l'exercice a l'individu, la pratique de cette hygiène de vie lui permet, non seulement de lutter efficacement contre la maladie et la sénilité mais aussi de prolonger une existence gravement compromise.

Certes, la médecine a fait tant de progrès ces dernières années, les succès thérapeutiques sont si beaux, qu'on tend à oublier les bons vieux moyens naturels, qui ont fait leurs preuves. Pourtant, elle existe toujours, cette médecine naturelle, avec ses grandes lois hygiénodiétiques ! ces dernière sont toujours valables – quoique étouffées – avant toute prescription de médicaments.

Les troubles de l'estomac se soignent toujours par une ordonnance qui rappelle le régime, le repos pendant et après les repas, le mode de préparation des aliments. Mais le malade tend à prendre d'emblée les médicaments, en lisant à peine et en n'observant que rarement les principes d'hygiène qu'il a oubliés et qui ont été, bien souvent à l'origine de son mal.

De même, un individu asthénie ou en perte de vitesse se précipite d'emblée sur les médicaments toniques, vitalisant (quand ce n'est pas sur des excitants !), alors que l'exercice physique, un régime, une vie calme et aérée feraient mieux l'affaire !

Avant même d'entreprendre la pratique d'une vie hygiénique, il nous faut nous persuader d'une chose : c'est que l'hygiène doit être faite de modération et de mesure : ce i est à la fois sa définition et sa raison d'être.

Car l'écueil est de taille : lorsqu'un individu prend soudain conscience, à la suite d'une crise morale, sentimentale ou physique, de sa mauvaise hygiène de vie, il a tendance à se réfugier dans d'autres extrémités tout aussi néfastes. Devient un mélancolique buveur d'eau ; de sédentaire, il se lance dans une vie sportive effrénée, ect.. Il risque de se jeter dans d'autres excès : naturisme intransigeant, végétarisme intégral, vie contemplative proche de la schizophrénie. Le résultat est qu'il est tombé d'un déséquilibre dans un autre encore plus grave, parce que celui-ci retranche l'individu de la société par sa nouvelle façon de vivre singulière et le désir agressif qu'il éprouve souvent de faire du prosélytisme.

L'homme moderne doit s'adapter, sans rompre avec son milieu : c'est en cela que l'exercice physique et l'hygiène de vie ne seront pas de simples refuges, mais une adaptation supérieure de l'Etre au milieu et s'il est vrai qu'il doit rechercher tous les moyens naturels de lutte contre les conditions anormales de la vie civilisée, il ne doit pas, pour autant, refuser systématiquement tous les avantages que lui offre cette vie et se fabriquer, par son ascétisme, une existence.. qui ne vaut même plus la peine d'être vécue.

Le but suprême est de tenter de recréer l'idéal antique : « une âme saine dans un corps sain ».

La difficulté est de réussir à réaliser une hygiène de vie proche de l'hygiène de vie idéale, tout en s'intégrant à son milieu et au monde moderne extérieur, sans choquer ni se ridiculiser.

Essayons, avant toute chose, de faire régner la sagesse et d'introduire dans votre vie la mesure et l'harmonie.

Le peuple français a une solide réputation d''equilibre : ne faisons pas mentir cette réputation ! Pas d'exagérations, pas d'interdits ; essayons d'introduire dans notre façons de vivre la sagesse et la modération. De même qu'il faut adapter l'exercice physique à son tempérament, de même façon de concevoir son hygiène de demeure quelque chose d'essentiellement personnel. Il est, par exemple, des tempéraments naturellement ascétique qui souffrent fort peu de privations, alors que d'autres en pâtissant jusqu'à ne plus trouver de goût à l'existence : le tout est de faire chacun son effort personnel, selon ses forces, vers le mieux-vivre, vers le mieux-être.

Points essentiels de l'hygiène de vie

1) La nourriture

Nous n'envisagerons ici que les adultes normaux, c'est-à-dire la grosse majorité. Ceux ayant un quelconque ennui organique suivront, cela va de soi, le régime indiqué par leur médecin.

Je n'entrerai pas ici dans le détail des tables de calories plein entraînement que j'ai décrites déjà dans « Musculation par le Culturisme »

Gardez toujours présentes à l'esprit ces deux règles fondamentales, quand on essaie de vous entraîner vers une mystique alimentaire quelconque, végétarienne, végétalienne ou autre :

1. L'homme est omnivore ;
2. Quels que soient son âge et son travail, tout homme doit trouver dans son alimentation:

a) Des aliments pour bâtir son corps et remplacer les pertes. Ce sont les aliments plastiques : protéines ou protides (viande, poisson), sels minéraux : calcium (lait, fromage), phosphore (poisson, cervelle..), fer (légumes verts, lentilles) ;
b) Des aliments qui font fonctionner et travailler son organisme. Ce sont les aliments énergétiques : glucides ou hydrates de carbone : sucres (de canne, de betterave, miel), amidons (farineux, pâtes, pain, céréales, pomme de terre), lipides ou graisse (huile, beurre, crème, graisses animales, fruits oléagineux..)

Ajoutons à cela des oligo-éléments, des liquides, des vitamines :

Vitamine A (beurre, jaune d'œuf, abricots, huile de foie de poisson),

Vitamine B :

B1 (abats, carottes, tomates…)

B 2. B6, B12, etc.. (foie, viande, œufs, lait fromage…)

Vitamines P.P (viande, foie, poisson..)

Vitamine C (fruits acides, fruits frais, légumes verts),

Vitamine D (foie, huile de foie de poisson, lait, jaune d'œuf, beurre).

Suivant l'âge, la période d'entraînement, le genre d'entraînement pratiqué (poids lourds ou non), le genre de sport pratiqué (fond ou vitesse), chaque sportif devra individualiser son régime, car on a remarqué, par exemple, que l'alimentation carnée favoriserait la détente et que l'alimentation à tendance végétarienne entretiendrait une certaine résistance à l'effort. Comme conclut le Dr. Encausse dans son livre « Sport et Santé », au chapitre de l'alimentation : « Méfiez-vous des slogans plus ou moins publicitaires, faites montrer d'une sage réserve et, en liaison avec votre médecin et entraîneur, dosez ladite alimentation en tenant compte des efforts réels à fournir. »

En pratique, retenons quelques directives principales.

1) Le jeune sportif ou culturiste, qui est plein croissance générale et musculaire en particulier, doit suivre un régime riche, très calorique et très protéiné.
2) Le professionnel sportif ou culturiste doit, durant son entraînement visant la musculation, manger beaucoup de protéines, sans se carencer en lipides et en glucides, et éviter « l'enveloppement » ou excès de poids en graisse, car, comme l'a dit Keys : « un athlète n'a aucun intérêt à être trop lourd, l'état d'obésité lui demandant un effort plus grand ».
3) L'obèse doit suivre un régime hypocalorique et hyper protéine au début de sa cure d'amaigrissement, puis continuer par un régime surtout protéiné. Ce régime protéiné d'une part « bourrer d'estomac » et supprime la sensation de faim, d'autre part permet à l'obèse qui a maigri de se refaire du muscle sans, pour autant, retomber dans l'excès de poids.
4) Le maigre doit suivre un régime hypocalorique glucidedique et protéine, avec un entraînement culturiste adapté, à rythme lent, afin de se constituer du tissu musculo-graisseux.
5) La femme qui est obèse ou présente de la cellulite (association des deux le plus souvent) doit suivre un régime hypocalorique, hyper protéine et sans sel. Elle peut remplacer un repas par du lait écrémé désodé.
6) L'adulte normal qui a dépassé 40 ans, qu'il fasse du sport ou non, doit garder sa prédilection pour les menus riches en vitamines et peu riches en sucres et en graisse. Pourquoi ? parce que :
    a) Pour vivre vieux, il faut veiller à ne pas excéder son poids calculé par la table de Lorentz, et les protéines ne font pas grossir ;
    b) Eviter la surcharge en lipides qui entraîne l'excès de poids, le cholestérol, l'artériosclérose ;
    c) Eviter la surcharge en lipides qui entraîne l'obésité, le diabète, surtout si le sujet a des diabétiques dans ses ascendants. ;
    d) Le régime protéiné représente la première thérapeutique chez le vieillard qui est le plus fréquemment carencé (taux de protéines dans le sang diminué).

Mais n'oublions pas que tout ceci s'adresse à des gens bien portants et non porteurs de tares organiques comme l'insuffisance rénale en particulier ou l'allergie.

Recherchez vous-même votre diététique et dirigez, grâce à l'alimentation, votre plastique et votre santé, : pas d'exagération à table : éviter de donner le spectacle du gourmet qui s'enfonce peu à peu dans la gourmandise. Pas d'excès de régime (ceci s'adresse surtout aux dames qui, par souci de leur ligne, deviennent d'éternelles grignoteuses), car, comme l'a dit La Rochefoucault : « C'est une ennuyeuse maladie sa santé – et j'ajouterai sa beauté – par un trop grand régime. »

Mais prenons garde à ne pas faire de notre alimentation un austère calcul des calories et des éléments vitaux indispensables ! ce serait réduire à une science bien ennuyeuse, à une étude rébarbative basée sur la nécessité matériel de se nourrir, ce plaisir du bien-manger, source d'une des plus agréables joies de la vie. Nous sommes en France , que diable ! Pays du bien-manger, de la gastronomie. Qui mieux que nous a le devoir de les honorer ?

On a tendance de plus en plus à réduire l'alimentation aux grillades, salades, légumes-vapeur. Quelle hérésie ! une bonne sauce, bien faite, n'a jamais fait de mal à personne, bien au contraire (et même pas à la ligne, à condition de la dépouiller, de la dégraisser, pour qu'elle ne soit plus qu'un concentré d'arômes et de sucs parfumés). Il faut réapprendre, Mesdames, la bonne cuisine ancestrale française que la frénésie des régimes, souvent mal compris, a remisée dans le sac aux oublis. Adaptez les bonnes vieilles recettes à notre monde actuel d'économie, de temps limité et de souci esthétique. Ne laissons pas se noyer dans le brouet spartiate des régimes notre goût des bonnes choses, cette qualité bien française dont nous devrions être fiers.

Médecin avant tout, c'est chaque jour que je m'incline devants les bienfaits- j'oserais sire thérapeutiques ! – du bien manger. La première méthode de relaxation n'a-t-elle pas été inventée par nos ancêtres ? déjà, bien avant nous, ils pratiquaient la meilleure des relaxations, tout naturellement, en goûtant l'euphorie des bons plats et des bons vins. Quant aux maladies psychosomatiques, c'est dans la joie d'une bonne table qu'ils se constituaient le plus sûr des barrages à l'ulcère d'estomac...

Leurs tranquillisants ? Mais le bon vin, bien sûr, ou le gai champagne, voire le petit verre d'un alcool parfum... les fortifiants, les vitamines, ces sages les ignoraient, mais les trouvaient, sans le savoir, dans une alimentation saine, équilibrée, variée et instinctive. Ne négligeons pas cet exemple de nos pères et suivons leur enseignement. Si l'adulte qui aime manger entre les excès un régime diélectrique et pratiquer l'exercice physique, le sportif accompli, de son côté, ne doit pas se contenter d'être un ascète, esclave de son corps et de sa forme, mais s'efforcer d'être un individu équilibré, qui connaît et apprécie les plaisirs de la table.

Pourquoi chaque club sportif en déplacement n'est-il pas accompagné de son cuisinier ? Combien de défaites sévères, injustifiées avons-nous essuyées à l'étranger, tout simplement parce que nos sportifs n'ont pas réussi à absorber la nourriture surprenante, peu appétissantes ou mal préparée qu'on leur présentait ?

Au moins une fois par semaines – et ceci fait partie de l'hygiène de vie et aussi de l'hygiène mentale la plus élémentaire – il est bon de faire un vrai grand repas cuisiné avec mets rythmes, sauces onctueuses, pâtisseries ou entremets, bons vins. Mais il faut savoir, le reste du temps soit pour garder la ligne, soit pour ménager une foie ou un estomac un peu sensible, apprendre à trouver des plaisirs gastronomiques dans l'alimentation simple, diélectrique, sans préparation savante. Il faut réapprendre le goût de l'aliment pur, dépouillé, sans artifice culinaire. C'est une éducation à refaire qui en vaut la peine, car elle permet, non seulement de garder la forme et la santé malgré les « escapades alimentaires', mais, en plus, de manger avec goût les « menus-régimes » sans trop de regrets pénibles envers la cuisine riche, mijotée qu'on retrouvera et attendra avec d'autant plus de plaisir.

Mais, pour cela, il faut savoir être exigeant sur la qualité de sa nourriture, rechercher ce qu'il y a de meilleur, de plus sain, de plus naturel. Il faut résister à la tentation (normale pour une ménagère surmenée) de faire une cuisine « à l'américaine » à base de conserves, de sandwiches, de fritures, etc. et négliger les artifices alimentaires habilement prônés et présentés par une réclame savamment orchestrée.

Le boisson

Nous avons vu que l'eau est un élément indispensable de la ration alimentaires : c'est à la fois un matériau de construction et de réparation au même titre que les protides et les sels minéraux.

Cette eau se trouve en plus ou moins grande quantité dans tous les aliments, mais il faut compléter les besoins de l'organisme par l'apport d'au moins un litre de liquide indispensable, sous forme d'eau, de jus de fruits ou autres boissons. Ce rappel est surtout utile pour les femmes qui, crainte de grossir, ne boivent pas suffisamment et risquent ainsi de braves désordres rénaux.

Il est recommandé, après chaque effort sportif, de boire un grand verre soit d'eau de Vichy, soit de jus de fruits. En effet, après l'effort qu'il a fournir, l'organisme des trouve en état d'acidose et l'apport eau bicarbonatée ou de jus de fruits riche en sels minéraux rétablira son équilibre acido-basique.

S'il est préférable pour les sportives en période d'entraînement de boire de l'eu pure et des jus de fruits (quoique un verre de bordeaux à chaque repas ne soit pas déconseillé), il n'est pas de même pour l'adulte ordinaire qui désir simplement vivre en accord avec les règles de l'hygiène. Je ne suis pas, loin de là, partisan de l'ascétisme tant prôné par certains sportifs, et je suis persuadé qu'un bon vin, pris en quantité modéré, loin d'être un facteur de déchéance, est au contraire, un facteur de tonus et d'euphorie. Mais qu'appelle-t-on « quantité modérée » ? Je pense qu'il est raisonnable de ne pas dépasser une bouteille par jour, c'est-à-dire 75 cl.

Il est prouvé qu'on peut, sans dommage, absorber 70 grammes à 100 grammes d'alcool par (pour un individu sain, de poids moyen). Cette quantité d'alcool pour est contenue dans un litre de vin blanc ou rouge, 11 5 à 2 litres de bière. Au-delà de cette quantité, le foie ne parvient plus à oxyder l'alcool en excès et celui-ci s'accumule dans l'organisme.

Exceptionnellement (à condition de ne pas dépasser, pour la journée, la dose totale de 2 grammes d'alcool par kilogramme de poids), il n'est pas interdit de boire un bon alcool ou un apéritif : il serait ridicule, sous figure d'hygiénisme, de refuser le petit verre traditionnel entre amis ou de négliger la réaction bénéfique d'un grog ou d'un bon cognac quand le rhume menace.

Dans ce domaine, comme dans celui de la nourriture, l'essentiel est d'être intransigeant sur la qualité : ne jamais admettre de boisson médiocre ou frelatées. L'homme moderne boit peu, mais boit bon. Et la France n'offre-t-elle pas aux amateurs son inépuisable éventail d'excellents vins, depuis ses glorieux bourgognes, bordeaux et champagne jusqu'à ses délicieux petits vins de pays sans prétention ?

Il ne faut oublier que le vin est une boisson calorifique (1 litre de vin blanc ou rouge apporte 700 calories environs).

On peut, selon les goûts, remplacer le vin par la quantité correspondante de bière, de cidre, ect… mais ne pas omettre de prendre en compte les calories apportées par la boisson pour le calcul de la ration calorique journalière.

Il s'agit avant tout, dans ce point particulière de l'hygiène de vie, de mettre en pratique le sage et vieil adage : User de tout, n'abuser de rien »

Le café, le thé être pries en quantité modérée par ceux qui les aiment et les supportent sans dommage. Il est préférable de les absorber après un repas, car leur effet est atténué lorsqu'ils se mélangent aux aliments.

Ne pas oublier que le coca-cola est lui aussi un excitant nervin par la cola qu'il contient ; il ne faut donc pas en abuser et s'en méfier chez les enfants.

Ce chapitre de l'alimentation et des boissons ne concerne, répétons-le, que l'adulte normal, en bonne santé, ayant une activité physique normale.

Le jeune adulte, encore adolescent, possède, lui, son régime particulière, que nous avons vu, et dont les boissons alcoolisées sont évidemment exclues.

Quant aux champions et aux graines de champions, ils doivent, pour le rester ou le devenir, suivre un régime spécial et une hygiène de vie particulière et très stricte, dictés par leurs entraîneurs et auxquels ils doivent s'assujettir aveuglement, s'ils veulent assurer et conserver leurs performances

Le tabac

L'idéal serait de s'en passer. Le danger n'est pas le fait de fumer quelques cigarettes, mais l'accoutumance et le désir de plus en plus irrésistible d'en fumer d'autres, que donnent souvent ces quelques cigarettes.

Pour celui qui sait se limiter à quelques cigarettes par jour, après les repas (jamais à jeun), pourquoi se priver de ce plaisir ?

Il est prouvé que le tabac est beaucoup moins nocif quand on n'avale pas la fumée. C'est en ce sens que cigare et pipe sont préférables à la cigarette. En tout cas, pour l'homme d'âge mûr ou le vieillard, un bon cigare odorant, une pipe savamment bourrée sont une source d'euphorie, qu'il serait ridicule de leur interdire, lorsqu'ils jouissent d'une bonne santé et en usent modérément.

Sommeil et relaxation

Le sommeil, pour l'athlète, est d'une importance capitale : chacun connaît absolu de l'entourage d'un champion pour son nombre sacré d'heures de sommeil (huit heures de sommeil sont un minimum).

Il en est de même pour n'importe quel adulte, avec évidemment, pour chacun, son nombre d'heures optimum pour la meilleure forme, variable suivants les individus.

Une activité physique adaptée à chaque âge et à chaque tempérament, une bonne hygiène de vie ou l'aération et la détente ne sont pas négligée seront déjà, par elle-même, favorables au sommeil et constitueront une des armes les plus efficaces contre la tension de la vie moderne, génératrice d'insomnie.

Mais la vie civilisée, avec ses exigences absorbantes et ses soucis souvent accablants, fait parfois fuir le sommeil, malgré la pratique d'une hygiène de vie raisonnable. Le bon remède, pour récupérer et se détendre, est alors la pratique de relaxation, un des meilleurs moyens de lutte moderne contre la tension nerveuse et la crispation.

Marcel Rouet a très bien décrit la méthode à employer dans son livre « manuel de relaxation psychosomatique » (édition Amphara). Pour ceux qui peuvent les fréquenter, des Instituts spécialisés (Station-Relax) leur permettront d'atteindre plus facilement à la relaxation totale, grâce à laquelle ils conserveront ou retrouveront un équilibre compromis.

On a remarqué, d'ailleurs, que la capacité de relaxation était un facteur extrêmement important chez les athlètes : certains d'entre eux arrivent à s'assoupir entre les épreuves, ce repos est évidemment très favorable à la réalisation de leurs performances.

Soins hygiéniques

a) Hydrothérapie, sudation, cures thermales..

Je passe sous silence les soins de propreté qui, heureusement, sont devenus de nos jours un besoins auquel très peu d'individu se dérobent encore.

Chaque séance de gymnastique ou d'un sport un peu violent sera suivie, cela va de soi, d'une douche ou d'un bain, à la température qui convient à chacun (pourquoi s'imposer une douche froide si celle-ci vous laisse verdâtre, décomposé, effondré nerveusement ?).

Puis une fiction au gant et à la lanière de crin (ou de Rilasan, moins rude, pour les délicats) ne devrait jamais être omise, car, non seulement elle est excellente pour la beauté et la finesse du grain de peau, mais aussi elle active la circulation périphérique du sang.

Les bains en baignoire détendent et apaisent merveilleusement, surtout si l'eau est additionnée de produits spéciaux (bains de mousse, aux algues, aux sels thermaux, etc.)

Si l'état cardiaque le permet, évidemment, il est excellent de fréquenter les saunas, salles de sudation, bains de vapeur ou hammam. Toutes ces pratiques ne sont ni un luxe, ni un snobisme, mais constituent d'excellents soins hygiéniques qui contribuent au maintien de la forme, de la santé et du dynamisme. Pour ceux qui sont éloignés d'un centre équipé, le simple bain de vapeur individuel, chez soi, suivi d'une aspersion d'eau froide ou tiède, procure déjà un bien-être appréciable.

Touts ceux qui peuvent le faire tireront le plus grand profit d'une cure thermal annuelle dans la station qui s'adapte le mieux à leurs= cas : par exemple, ceux qui ont tendance à l'obésité iront à Brides, les nerveux à Divonne ou Néris, les forces délicats à Vichy, les gorges fragiles au Mont-Dore, etc.. ils recevront là, en plus des soins spéciaux se rapportant à leur tendance pathologique, divers soins hygiénique, excellents pour la remise en forme après une année de surmenage : cure d'eau thermal, massage, douches au jet, bains thermaux, etc..

b) Massage

Chacun sait la part importance qu'a le message dans l'entraînement d'un sportif professionnel. Cyclistes, footballeurs, boxeurs, etc.. ont leur masseur-soigneur (qui souvent aussi leur professeur de tonus psychique et de relaxation, le psychologue remonteur d'homme un tantinet sorcier..)

Cette autorité dont jouit le masseur, dans ces milieux où la forme physique est primordiale, nous prouve bien la valeur du rôle de celui-ci.

Pour celui ou celle qui en aura la possibilité, se faire masser une excellente pratique hygiénique (sans parler du but esthétique, si souvent recherché).

Non seulement le massage réveille ou endort les corpuscules du tact ou la sensibilité profonds de proprioceptive des muscles, mais il agit sur le retour veineux, sur les capillaires, les lymphatiques, le tissu interticiel, la cellule musculaire elle-même. Par contre-cop, il agit sur le système artériel, cardiaque, pulmonaire et les organes profonds, reins et foie, il débarrasse l'abdomen des gaz et agit sur les plexus solaire et hypogastrique. Là ne s'arrête pas son action, et les physiologistes n'ont peut-être pas encore étudié assez à fond les répercussions chronaxiques et cardiovasculaire d'un massage exécuté de main de maître.

Le massage est dit hygiénique quand il est général : il chasse les toxines et permet l'apport d'éléments nouveaux. Il consiste alors en un massage musculaire des tendons et articulations pratiqué de manière différente suivant qu'on recherche un effet stimulant, calmant ou défatigant.

Le massage esthétique, lui s'adresse plus particulièrement au tissu cellulaire sous-cutané et à la peau. Il peut être localisé plus particulièrement. Quant au massage sportif, il vise à débarrasser les muscles des toxines, à leurs permettre d'utiliser instantanément des matériaux alimentaires, à diminue en fin de compte le nombre et la durée des intervalles de repos nécessaires à l'évacuation des déchets.

Le massage doit toujours être suivi de douche ou bain et relaxation au chaud.

Evidemment, pour que le massage produise l'effet bénéfique désire, il est indispensable qu'il soit fais par un excellent masseur, connaissant son métier à fond et travaillant de ses mains. La façon de masser doit, en effet, être différente phologique même, son état nerveux et aussi selon le but recherché. Mal fait, le massage est inutile et inopérant.

Les agents physiques

Je n'insisterai pas sur les bienfaits de l'air, du soleil chacun en est persuadé et en reçoit la certitude après chaque cure d'air et de lumière.

Le tout est d'orienter son existence pour se procurer le plus souvent et le plus longtemps possible ces deux éléments vitaux pour la santé de tous.

Que ceux ont le bonheur envié d'avoir un jardin, même minuscule, l'aménagent en coin-repos, en coin-repas, en coin-santé.. (Qui à sacrifier le parterre de carottes ou de géraniums.. !). qu'il a y vivent le plus possible, chaque fois que le temps le permets : une simple terrasse, un balcon, bien exposés et agencé, peuvent éventuellement faire l'affaire au jardin, dès le mois de mars, avec d'exquises grillades au barbecue).

C'est une nécessité vitale pour l'homme moderne d'avoir au moins une journée de plein air par semaines- et ce par tous le temps. Qu'il sacrifice, s'il le faut, la journée dominicale consacrée à la tante à héritage et à son intérieur calfeutré : c'est sa santé qui est en jeu. L'homme de notre siècle a besoin « pour tenir le coup » de s'aérer, de se détendre, de se dépenser physiquement dans la nature après une semaine de contrainte et d'étouffement.

Il faut s'endurcir contre les élément ; le froid, le vents la neige, loin d'être des ennemis, sont au contraire, une fois apprivoisés des agents de santé, de résistance et de robustesse » et il s'apprivoisent très vite à condition de ne pas les fuir, ne de vivre dans leur craintes morbide.. L'obligation d'une heure de marche quotidienne, au moins, à laquelle chacun devrait s'astreindre, éviterait, sans nul doute, le surchauffage des maisons moderne, devenu obligatoire par la frilosité de plus en plus grande des individus, des citadins surtout.

Quant à la cure de soleil, elle est indispensable pour tous adultes jeunes ou vieux (nous avons déjà vu son importance capitale pour la santé des enfants et des adolescents, cette importance reste toujours valable).

Nous parlons ici, bien sûr, de la cure de soleil hygiénique et non pas de ces cures de soleil inconsidérées, faites dans un but uniquement esthétique et où les candidats au titre de Miss ou Monsieur Bronze restent des heures étendus cuisant à feu d'enfer par un savant rôtissage et s'exposant ainsi, follement aux plus graves désordres de santé.

Notre cure de santé hygiénique sera, évidemment, abordée avec les précaution d'usage ; on ne s'exposera jamais brutalement et trop longtemps et, surtout, on évitera de s'imposer le nouveau supplice de saint Laurent sur le gril en restant trop longtemps immobile, la cure de soleil, mal conçue et mal appliqué, présente de graves dangers, que le corps médical ne fait que dénoncer devant sa vogue actuelle ; ces dangers sont la preuve même de son inefficacité, un traitement qui agit ne peut jamais être inoffensif...

Obéissez aux lois tant recommandées (et rarement écoutées) des première expositions au soleil (toutes les revues féminines les répètent dès les premiers beaux jours, toutes les revues médicales ou paramédicales). Remuez, jouez, marchez, restez à l'ombre quand la température est par trop torride, et protégez-vous la tête (surtout les gens âgés) par une coiffure légère et aérée. Dévêtez-vous dans la mesure de la décence, c'est par la peau que le soleil agit. Et, plus que jamais, faites appel à votre sens et à votre sagesse.

Si le climat de la région où vous habitez vous dispense chichement votre ration de soleil, fuyez pour vos vacances les régions, même plaisantes, mais où le soleil n'est pas assuré : vous ne pouvez permettre le risque de compromettre la dose d'ensoleillement que votre corps et votre santé vous réclament impérieusement. Et réjouissez-vous, quand même, de vivre, le reste du temps sous un climat rude qui durcit et aguerrit votre organisme, au lieu de l'amollir dans la douceur d'un climat trop égal...

Les vacances

Elles ne sont plus un luxe à notre époque, mais une obligation impérieuse. Chacun doit changer d'air, chaque année (les lois sociales ne l'ont-elles pas prévu ?) , et s'offrir, selon ses moyens, les vacances qui lui plaisent à l'endroit qu'il aime, pourvu qu'elles lui assurent le calme, le repos, le changement total d'habitudes et le plein air.

Les éternels agité auront beaucoup de peine à s'imposer des vacances de repos qui leur paraîtront fastidieuses après une année de vie fiévreuse, les voyages itinérants, les longs parcours en voiture sont souvent le genre de vacances qu'ils choisissent, vacances fatigantes s'il en est et qui ne feront qu'accroître leur fatigue, leur surmenage et renforcer leur tension nerveuse. Qu'ils prennent conscience que leur santé et leur activité professionnelle sont à ce prix : ils doivent s'astreindre à prendre des vacances de repos, dans un lieu agréable et fixe... et ils s'apercevront que l'ennui est parfois bénéfique ! Pour eux, les vacances en stations thermales sont tout indiquées.

Par contre, les sédentaires ayant travail calme, sans grandes responsabilités, peuvent très bien se donner des vacances mouvementées, fatigantes même, qui les secoueront de la léthargie où ils risquent de s'enfoncer, à condition que la dernière semaine soit consacrée au repos en plein air et au retour au calme.

Ceux qui, en plus peuvent s'offrir les sports d'hiver sont favorisés des dieux : qu'ils en profitent !

Il est néanmoins prudent – du moins pour les êtres fragiles, ou qui relèvent de maladie, ou les vieillards très âgés – de demander conseil au médecin avant de choisir un lieu de villégiature : la haute altitude, la mer ne sont pas indiquées pour tous.

Hygiène mentale

Paradoxalement, il semble que les progrès du monde moderne, loin de libérer l'homme de ses servitudes, l'enserrent, au contraire, dans un réseau inextricable d'obligation et de contraintes. L'individu de notre époque est tout aussi prisonnier de la société, par toutes sortes d'entraves morales et psychiques, qu'il l'était au temps où la liberté individuelle était un mythe. Si l'individu n'y prendre garde, il ne devient rien de plus qu'un rouage de l'énorme machine moderne, il perd toute personnalité, il vient grossir le troupeau des moutons de Panurge.

Le but de tout homme sur terre, qu'il l'avoue ou non, est la recherche du bonheur. N'y parviennent ou n'y approchent que ceux qui s'évertuent à découvrir puis à réaliser leur Moi.

Or, la perte de vitalité physique va toujours de pair avec une perte de confiance en soi, en sa destinée. D'où la nécessité d'une stricte hygiène de vie qui permette de garder cette santé sans laquelle plus rien ne va, tout s'effondre : ne peut s'affirmer lui-même, réaliser ses buts intérieurs matériels ou moraux, ses ambitions terrestres ou mentales que l'homme qui n'est pas à la merci du surmenage physique ou de la maladie. Ce n'est qu'alors après avoir rempli tous ses devoirs vis-à-vis de sa « guenille », si j'ose m'exprimer ainsi, que l'individu pourra se réaliser pleinement.

Mais, s'il est vrai qu'une bonne santé physique est indispensable au tonus psychique, le psychisme et le moral de l'individu agissent de même sur sa vitalité physique. Je cite pour mémoire les fameuses maladies psychosomatiques qui continuent à défrayer la chronique médicale ; n'a-t-on pas, d'ailleurs, souvent remarqué qu'il suffit d'un fléchissement du tonus nerveux de l'individu, à la suite d'un chagrin par exemple, pour qu'une maladie s'installe et se déclare ?

L'hygiène mentale est donc un point capital de l'hygiène de vie. Comment la réaliser ?

a) Il faut d'abord se connaître soi-même,

Définir son Moi intime, sans fausse pudeur comme en toute franchise, sans se leurrer soi-même. Ce moi une fois défini, il s'agit de l'épanouir, de le réaliser, en tenant compte, évidemment, de la nécessité de vivre en société et des contingences sociales, mais sans se laisser submerger par elles : l'indépendance dans l'interdépendance, quoi !.

C'est dans cette recherche et dans cette réalisation qu'on trouvera la joie de vivre. Combien de névrosés ne le sont devenus que parce qu'ils se sont laissé étouffer par les directives, les obligations du monde extérieur, sans réussir à se libérer et à trouver leur voie parmi tout ce fatras, ils ne sont plus qu'une production de leur milieu ambiant, sans rapport avec l'essence même de leur être.

Un homme qu'on contraindrait, par exemple, au métier de forgeron, alors qu'il n'a ni la santé, ni la force, ni les gabarits nécessaires s'épuiserait en pure perte et raterait sa vie professionnelle comme sa vie d'homme. Psychiquement, il en est de même : les contraintes perpétuelles auxquelles se soumettent les individus qui n'ont pas la volonté de réagir contre un milieu qui ne leur convient pas, les épuisent, les stérilisent, les mettent hors combat.

Eventuellement, médecins, psychologues, spécialistes d'orientation professionnelle peuvent être d'un grand secours pour un être qui se cherche.

b) Il faut s'appliquer à la défense de soi-même,

Et à réaliser son idéal personnel d'être un individu sain, équilibré physiquement, moralement, psychiquement.

D'ailleurs, cette défense de soi-même, qu'on peut assimiler à l'instinct de conservation, doit exister normalement dans chaque acte de la vie : celui qui l'a perdue est un être fatigué, déprimé, qui a besoin d'être soigné.

Et cette défense de l'intégrité de son Moi s'exercer contre la poussée de tant de choses !

1) Il faut lutter contre l'envahissement de la profession. C'est la réussite professionnelle qui fait d'un individu un homme c'est grâce à elle qu'un être s'impose vis-à-vis de lui-même et des autres, qu'il peut donner toute sa mesure et se réaliser pleinement.

Mais il faut lutter prendre garde à ne pas faire de son métier son unique raison de vivre, car on réussirait ainsi sa vie professionnelle tout en ratant sa vie d'homme. Contre ce grignotement insidieux et terriblement envahissant de l'existence par le métier, il ne faut pas hésiter à prendre des mesures.

S'appliquer d'abord à organiser scientifiquement son travail est la première mesure à prendre. Et ce grand mot « d'organisation scientifique » peut s'appliquer à toutes les besognes de la plus grandiose à la plus humble tâches. La ménagère, le manœuvre peuvent s'organiser pour se fatiguer moins et s'épanouir ainsi dans leur travail et en dehors de lui exactement comme l'homme d'affaires sollicité par mille problèmes à résoudre... ou le médecin par mille urgences... doivent réussir, par une inflexible discipline personnelle et un strict esprit d'ordre, à sérier leurs innombrables par elles et garder ainsi toujours le même amour du métier bien fait, le même enthousiasme passionné pour tout ce qui le concerne.

L'échappée, le salut oserais-je dire, contre la sclérose de l'individu, sa propre pétrification au sein de sa profession, c'est le précieux Violon d'Ingres, ce sauveur, cet équilibrant, ce générateur d'enthousiasme et d'éternelle jeunesse. A chacun le sein, pourvu qu'il le trouve, la moindre innocente petite marotte peut remplir le même office : collectionnez des timbres, des papillons, des pierres.. ; faites un herbier, élevez des animaux..., intéressez-vous à l'Histoire, à l'Archéologie..., faites de la photo, du cinéma, que sais-je ? (intéressez-vous, comme ma femme et moi, à la gastronomie, tant en travaux pratiques (!) qu'en collectionnant tout ce qui la concerne : objets, revues, articles, poèmes, livres de cuisine, œuvres immortelles de nos grands Maîtres-Queux..)

Et vivez le cœur content, comblé par votre profession, comblé par les mille petites joies passionnées que vous apportera votre Violon d'Ingres, cette planche de salut lancée providentiellement à l'homme au milieu de la tempête de la vie moderne.

2) Il faut lutter aussi contre les idées toutes faites, tellement ancrées dans les esprits par la force de l'habitude et du conformisme que plus personne ne songe à les repenser, à en vérifier soi-même le bien-fondé ou la nullité. Notre époque ne nous permet plus vivre dans le rêve, dans l'irréel ; au siècle de l'atome, il faut du positif dans les réalisations comme dans les idées. Si on vous dit par exemple : « Nos pères ne faisaient pas de régime, ne faisaient pas de gymnastique et ils se portaient bien ! » n'en profitez pas pour vous replonger, libéré de tout remords, dans votre sédentarité et votre suralimentation... mais pensez que vos pères menaient une vie rude exigeant de gros efforts physiques, ignoraient le confort, n'avaient ni machines, ni moyens de transport à leur disposition et qu'ils bénéficiaient, eux, d'une alimentation naturelle et saine.
3) Il faut défendre sa personnalité contre l'envahissement des autres. Et, pour cela, il faut savoir être impoli (c'est très difficile, je l'avoue), ne pas se laisser submerger par des individus qui ne vous intéressent nullement et ne vous apportent rien. Pourquoi vous crisper, user vos nerfs à attendre le départ d'un importun qui s'éternise, alors qu'il est si simple de lui fermer votre porte c'est avec ces innombrables politesses-là que vous perdez un temps précieux et que votre vie passe.. évitez-vous le désespoir de vous rendre compte, à la fin de votre existence, que vous êtes passé à côté de vous-même, à force de vivre avec les autres,

Les déprimés, les angoissés sont des malades, de pauvre malheureux pour qui vous ne pouvez rien, sinon les orienter vers le médecin à qui ils pourront se confier tout leur saoul et qui les soignera. Leur compagnie et leur tristesse morbide ne peuvent qu'attaquer votre moral. Mais par contre, ne refusez pas votre aide à un ami atteint par le malheur ou un chagrin ; au contraire, communiquez-lui votre propre force pour qu'il retrouve l'espoir et une raison de vivre.

Et rechercher autour de vous la compagnie des optimistes : cella fait partie de votre hygiène mentale. N'oubliez pas les vieilles expressions « se dilater la rate », « se faire une pinte de bon sang » ne sont pas si bêtes que cela. C'est chaque jour qu'il faut rire, rire à fond, sans retenu, pour la santé du corps et de l'esprits (eh ! oui le fou-rire quotidien est une pratique hygiénique !) ce n'est pas la fréquentation des coupeurs de cheveux en quatre, des faux intellectuels aux morbides spéculations d'esprit, qui vous en donnera l'occasion. Choisissez vos amis votre mari ou votre femme en conséquence (j'ai moi-même choisi la mienne pour son inaltérable optimisme, sa gaieté contagieuse, ses fous-rires faciles. Et m'en porte à merveille).

Et au milieu de cette bonne humeur ambiante, sachez vous ménager des moments de solitude : il est bon de rentrer de temps en temps dans sa coquille pour faire le point de sa vie, de ses réalisations, de ses désirs. Penser est devenu privilège rare à notre époque , il faut vous l'offrir, en vous retirant parfois dans « votre tour d'ivoire » - ne serait-ce- que pour y retrouver les raisons d'aimer votre entourage et d'y retourner vite !

Et, pour qu'on respecte votre personnalité et votre façon de vivre, sachez aussi respecter celle des autres.

4) Il faut, enfin, lutter contre les modes, les snobismes dans les manières de vivre, de penser même, de s'habiller, de se loger, de meubler son intérieur. Ne jamais se laisser imposer, par faiblesse, laisser-aller ou esprit d'imitation, des choses qui ne sont pas de son goût. Il faut créer soi-même le cadre de sa vie e s'arranger pour qu'il correspondre le plus possible aux goûts profonds, aux aspirations intimes.

Ne lésinez pas pour créer le foyer de vos rêves : les bibelots à votre gout, les meubles choisis par vous, les tentures les fleurs ne sont pas un luxe, mais des éléments même de votre bonheur. Et si vos gouts ascétiques vous portent vers la nudité et le dépouillement du décor, faites, s'il le faut, de votre appartement une cellule de moine, pourvu qu'elle vous plaise,

Le foyer est devenu de nos jours, plus que jamais, le refuge après une journée de labeur, de contraintes obligatoires : c'est là qu'il vous faut trouver la paix ou l'animation dont vous avez besoin, dans le décor ancien ou moderne classique ou farfelu qui vous convient à vous. N'ayez pas peur du ridicule et du qu'en dira-t-on : ils sont bien un peu de choses, à côté du bonheur de votre vie.

Si vous en avez la possibilité, réchauffez-vous le cœur devant un feu de bois où vous retrouvez l'éternelle magie des flammes... et qui vous permettra, de surcroît, de réaliser toute une cuisine parfumée, riche de saveurs oubliées, dont vous ne pouvez avoir l'idée émerveillée sans l'avoir un jour dégustée.

Et là, bien installé dans votre si belle vie, vivez heureux, le corps souple, sain, vigoureux, exercé chaque jour, ignorant fatigue, indispositions, maladies, l'esprits entraîné à trouver dans chaque chose, même la plus futile en apparence, une raison d'admirer la nature, de se réjouir d'être sur terre… et de tout faire pour y demeurer le plus longtemps possible, dans la joie de vivre et la satisfaction de ne pas avoir été inutile.

Sleeg / Novembre 2020

TABLE DES MATIÈRES

INTRODUCTION..1

AVERTISSEMENT..5

EXERCICE PHYSIQUE AVANT L'ÂGE ADULTE............................6

EVOLUTION DE LA CROISSANCE...20

CULTURE PHYSIQUE..55

COMMENT SE PRESENTE UN SPORTIF FATIGUE ?..................63

HYGIENE DE VIE DE L'AGE ADULTE DE L'AGE MUR ET DE LA VIEILLESSE...88

Printed by Books on Demand GmbH, Norderstedt / Germany